中山服の誕生

西洋・日本との関わりから見る中国服飾史

乗松佳代子

Norimatsu Kayoko

中山服の誕生

目次

はじめに　6

第1章　中山服の誕生——日本との関わりを中心に——　11

第1節●「中山服」と「紅幇」　13

第2節●孫文と中山服の誕生　32

第2章　中山服の研究——製図の分析を中心に——　43

第1節●中山服の製図　44

第2節●中山服誕生に関わったとされる衣服の製図とデザインの分析　51

第3節●中華民国成立以後の中山服のデザインの変遷　66

おわりに

第3章　民国期における男子の服装——中山服と長袍を中心に（1912年〜1949年）——　77

はじめに　77

第1節●長袍　79

第2節●民国期の服飾制度―男子服を中心に　85
第3節●長袍と中山服　100

第4章　中華人民共和国誕生後の中国の服飾社会　124
―文化大革命終結までの男子服装について（1949～1976）―

はじめに　124
第1節●1949年～1976年までの長袍と中山服の変遷　126
第2節●様々な中山服様式服装と「奇装異服」について　143
第3節●文化大革命終了時の中国の服飾　175
おわりに　178

終章　おわりに　182

資料　190
索引　198

はじめに

1987年、私は中国を訪れ、上海駅の待合室で南京行きの列車を待っていました。その待合室は1万人収容できる広い場所で、大勢の人たちが待機している様子に圧倒されました。列車待ちの中国人の服装は、西洋化した服装の人たちもいましたが、そのほとんどが男女問わず軍服のような地味なデザインに、紺や濃緑といった限られた色使いの服装でした。一方、当時の日本は、高度成長期で、日本人の服装のデザインと色彩は華やかで斬新でした。そのような服装を見慣れている私にとっては、中国で目にした光景はあまりに衝撃的でした。

服装を専門とする私は、帰国後、上海駅で出会った地味な中国人たちの服装について調べることにしました。当時の中国の服飾社会を調べていると、彼らが着用していた服装は、人民服であるということが分かりました。日本人が人民服と聞いてイメージする服は、毛沢東が天安門楼上で全世界に向けて中華人民共和国成立を宣言した時、着用した「中山服」のことを指しています。一般的に、アジア全体で「中山服」のことは「人民服」と呼ばれています。中国の友人と/人民服/や/中山服/のことについて話し合う中で、日本人は中山服のことを人民服と理解していることが明らかになりました。日本とは全く異なる中国の服飾社会に触れ、私は中国の服飾文化の心髄を調査、学ぶことで、私の脳裏に焼き付いた衝撃的な情景が解明できるのではないかと思いました。

中国の服装は、何千年という歴史と共に広大な大地を有する環境の中で、多くの民族によって作り上げられてきました。現在の中国は、漢民族を含め56の民族で成り立っています。また、中国の人口は２０２０年1月17日、国家統計局発表によると14億（香港・マカオ。台湾・海外の華僑は含まれず）で、そのうち少数民族は1億2千万人ともいわれ、彼らの衣装は独特でした。漢民族は中国全人の92％くらいを占めているといわれています。

中国伝統衣装には「袍」が長年中国の伝統衣装として存在していました。袍は一般的には「長衣」のことをさし、「長袍・馬褂」、「長衫」など、上下一体型の現在でいうロングのワンピースのシルエットでした。民国時代までおしゃれ着、正装着として中間位以上の官吏たちに愛用されてきました。そして１９１１年、辛亥革命によって清朝が倒れ、政治体制が変革する中、社会環境、生活方式消費習慣などへの中国人への関心が高まってきました。１９１２年中華民国南京臨時政府成立、孫文が臨時総統に就任した時、中山服は中国の服飾社会に出現し中国の伝統衣装の代表である長袍に加えて、中山服も男子の服装の主流になっていきました。

この頃、西洋式服装の背広を着用する人たちが現れるようになり、民国期において「民国服制条例」、「警察服制条例」、「新服制条例」、の服飾制度が数回にわたって規定されました。この規定により、長袍と中山服などの着用の状況を探求することで位置づけが変わり変化が生じ始めました。また、清末期になると現代では全く使われない語の「紅幇」という服装が流行しました。当時の上海では租界が誕生し、そこには紅毛の外国人が多く存在していました。紅毛の外国人に西洋服を仕立てることをホンバンといいました。

その頃、中国の革命の父といわれている孫文は、中国を拠点に活動しながら日本へも立ち寄ることが多かったようです。孫文は中国の広東省出身で、現在の中山市出身であり「中山服」の生みの親でもあります。

1905年8月20日、孫文は東京にて中国同盟会を結成し、その時、孫文は現在の中国の服装は上下一体型で活動的ではないと、9割近い留学生の同盟会会員の前で今後の中国の理想の服装について語ったようです。また、当時は背広が流行するようになると舶来生地の仕立てが多くなり、洋服生地の大量輸入により輸入超過を招き、深刻な経済問題にまで発展していきました。このことが排外運動の一環として中国の不当廉売に火をつけることになり、これが中山服誕生の背景の一つでもあったのです。

そのような社会状況の中、孫文が理想の服装について語ったことを、同盟会の会員でもある紅幇裁縫として日本で働いていた張方誠が孫文の発案を耳にして創作を試みました。張方誠は1905年、孫文が中国へ帰国する直前に初めて作成した中山服を孫文に手渡しといわれています。その中山服が現在に至るまでのデザイン変遷は、本文中の数か所に掲げていますのでご覧ください。また、紅幇のことを調査する中で「紅幇裁縫の起源は日本である」「中山服の原型は背広である」という記述を目にしました。なぜこのように言われているのか、その真意を確かめるべく聞き取り調査をもしました。

1949年、中華人民共和国が誕生し、毛沢東が初代国家主席になりました。中華民国当時は、国民党が政治の中心となり長袍や長衫は中国の支配者階級の人たちに愛用されました。しかし中華人民共和国の時代になると共産党が政権を握り、人民は皆、平等であるという建前の下に社会主義国家となり服装は大幅に変化していきました。長袍と中山服は、中国の服飾社会において存在が大きく変化していきました。実際にどのような政治的な関りがあったのでしょうか。また、長袍と中山服は、誰がどこでいつ着用していたものであったのでしょうか、この疑問を解消することにあたり、時系列に沿って長袍と中山服の着用状況を検証することにしました。「長袍は支配者階級の階級制度の身分を持ち、中山服は政治的色彩を持っている」ことを服装の変遷を考察することで、双方の服装の特徴がつかめました。

さらに本書を作成する中で、歴史事実の確認が必要となります。例えば、毛沢東の中山服の制作に関わってくる内容確認や、また、中華人民共和国成立後、中山服様式の軍便服（人民服）、便服等の製作者についての確認を現地へ直接聞き取り調査に行きました。１９０４年から中山服を上海で紅幇裁縫として作り続け、１９５０年に、南京に転居し開業した南京市の「李順昌洋服有限会社」と、１９４９年、北京市東交民巷に開業した「紅都服装店」を訪れ、その聞き取り調査の内容を合わせ検証することで、これまでの中山服の政治的関りが見えてきました。現在も南京市、北京市で中山服を作り続けている紅幇裁縫たちの店舗を訪ね中山服作成に携わっている彼らのインタビューの内容も文中に掲げています。

この本を通して、日本の服飾の歴史とは全く異なった政治と共に変遷する中国の服飾社会に興味を持っていただければ幸いです。

第1章　中山服の誕生 ―日本との関わりを中心に―

はじめに

中国の服飾社会は、１９４9年中華人民共和国が成立しうる頃まで長い間中国伝統衣裳の「袍」が着用されていた。それは上下一体型のシルエットで、主に中流以上の人々の間で着用されていたが、アヘン戦争（１８４０―１８４２）が終結した後に、上海など五つの港が開港され西洋文化が中国に入ると、開港場に上下分離型の西洋の服装が多く伝わってきた。その一つとして、現在では聞きなれない男子の服装である「西洋式衣服」の仕立てをする「ホンバン」が存在した。

19世紀初め、寧波地区の多くの職人は、相次いで日本の横浜、東京、中国の上海、ハルピンなどで、「西洋式衣服」の仕立てを始めた。彼らの最初の客はオランダ、イギリス、フランス、ロシア、アメリカなどの西洋人だった。西洋人の白い皮膚、赤い髪の毛を見た中国人は、彼らを〝紅毛〟と呼んだ。

寧波は最も早く、西洋諸国との貿易を始めにした港の一つで、寧波の仕立て人が主にこれらの〝紅毛〟に「西服」を仕立てた。そこから外国人に「西服」を仕立てることを「紅幇」と言うようになった。その「西服」や現代服を専門に仕立てる職人を「紅幇裁縫」といい、上海の湾岸周辺で流行し、時が経つに従って中国の大都市に流行していった。

1912年、中華民国臨時政府が成立した時、初代臨時大総統に就任した孫文は、自らが考案した中山服を着用した。「中山服」という名称は、1925年孫文が逝去した後、彼の号にちなんでつけられた。その中山服は、孫文の考案により20世紀初頭において日本で誕生したという説があるが、はたしてどのような社会状況の中で創作されたのかを本章の主な目的として考察してみることにした。

孫文は、1905年、東京にある内田良平宅（黒龍会本部）で中国同盟会結成準備会を開いた。孫文、黄興両人以下各省代表者が出席、同盟会の組織、綱領、人事などの大綱が了解した。同盟会の結成大会は8月20日、坂本金弥の邸宅で開かれ当日は100人程の出席者が集まり、ここで、同盟会が正式に発足した。発足当時、中国から日本に留学してきた学生が300名程入会し、同盟会の9割のメンバーが留学生だった。この時、孫文は活動しやすい服装が中国には必要であると考え、自分の理想とするデザインを採りいれた服装を考案し、そのことを同盟会会員たちに語った。それを聞いた同盟会会員であるテーラーの張方誠は、早速孫文の理想とする服装を制作、同盟会結成後、孫文が中国の上海に戻る前にその作品を彼に手渡した。孫文はその服をとても気に入り、それを着て中国に帰国した。この服こそ、後にいう「中山服」である。

中山服を創作した張方誠は、当時、外国人が多く住んでいた横浜で「紅帮裁縫」として活躍した。その後、孫文は張方誠が創作した中山服を中国に持ち帰ったが、その中山服は中国の紅帮裁縫たちによってどのように手が加えられていったのであろうか。本章は、中山服のデザイン変遷についても時系列に沿って考察する。

筆者は2010年4月、寧波市服装博物館を訪ね、そこで同館の職員である夏岐泓氏から中山服と紅帮の関わりについて聞くことができた。夏氏は、「紅帮裁縫は、現代服飾の起源である」、「日本は紅帮裁縫のルーツである」、「中山服の発端は日本である」と述べた。紅帮裁縫たちが主に横浜でテーラーとして活動したことについて、夏氏の話の事実確認をするため筆者は横浜みなと未来館を訪ねた。

そこで現在、日本で唯一紅幇裁縫店を経営している「トムソン商会」の張肇楊氏のことを知る。張氏を訪ね、１５０年前頃から続く紅幇裁縫の日本での活動の話を聞くことができた。さらに、張氏から、甥の日本寧波同郷会会員である孫明峰氏が寧波の紅幇裁縫について調査をしているという情報を得た。それにより紅幇裁縫たちが、日本でテーラーとして活動していた状況を知ることができた。これらのことによって「紅幇裁縫」の、日本での活動が明らかになるのではないかと考えた。

第1節●「中山服」と「紅幇」

1. 中国における「紅幇」

１８４２年、アヘン戦争に敗れた清朝はイギリスと南京条約を結び、香港島を割譲、賠償金を支払い、広州、厦門、福州、寧波、上海の開港を定めた五港通商章程を締結した。さらには、虎門賽追加条約で協定関税、領事裁判権、片務的最恵国待遇の不平等条約が決められた。上海は、中国における港の中心になり、東洋の中心的な都市になった。そのため外国から来る貨物船も上海に集中することになった。租界が誕生したことで在住西洋人が増え、開港場に来る外国人も多くなった。そのような社会状況の中、外国の商品の流通も多くなり、市場では背広の需要が自然に高まっていった。その上海では、１８６０年代に入ると海派という服飾文化が形成され、それが発展して海派文化を築いていった。この「海派文化」は東洋と西洋の文化を融合し、伝統文化から現代社会の流行している服飾社会へと進出していった。上海の近代服装について陳万豊氏は『中国紅幇発展史』の中で以下のように述べている。

移り変わりの激しい上海開港場周辺の現代服装状況は、商品経済のめざましい発展をもたらした。西洋からの輸入品によって、海外の美意識に触れることとなり、民主改革思想の浸透によって上海の都心では、現代風なファッションが流行するようになった。西洋服着用は、男性とは限らず女性も着用するようになり1862年、外資系の宣豊会社は福州路と江西路の曲がり角に衣類の既製品会社を設立した。浙江省寧波裁縫は、宣豊会社の設立情報を聞きつけて上海へ働きにやってきた。彼らは、日本から帰ってきた背広の裁縫師たちと紅幇の交流をして、お互いに技術、情報を交換しあい、もともと中国式服装の裁縫師であった人々は敏速に、西洋服の裁縫師となっていった。

現代服装状況の時代の流れに突進していった浙江省寧波裁縫師たちの技術と働き方交流との実態が理解できる。今から150年程前の浙江省寧波奉化県、鄞県等の農民は、裁縫の仕事を生活の糧にしていた。ゆえに上海に紅幇裁縫店が設立され、そこで採用されると少なからず生活の支えとなった。そして中国人テーラーとして日本へ働きに行った紅幇裁縫たちの日本の服飾状況の体験談を聞き、彼らはますます紅幇裁縫への意欲が湧いてきたと考えられる。そこで得た紅幇裁縫たちの日本での地位を知ることができた紅幇裁縫の何人かは、日本に渡航して、テーラーとして活動したと考えられる。また、陳氏は当時の紅幇裁縫が仕事を手に入れるまでの過程について次のように述べている。

当時、虹口の港では、定期便の郵船と絶え間なく続く軍艦が来航、船長はじめ船員たちが港に停泊していた。背広を着用している船員が多く、ゆえに、紅幇裁縫は彼らから背広の注文を得る機会を得た。裁縫師たちは船の中へ乗り込み、背広を仕立てる仕事を受け、船中で仮縫いをして短期間に洋服を仕上げ、注文者に手渡すことでホンバン裁縫の仕事に信用を得た。これは20年から３０年続いたと伝えられている。また、ある一部分の紅帮裁縫たちは、一般の上海市民や西洋人からも洋服の注文を受けた。紅帮裁縫たちは、彼らにとって多くのメリットある顧客を手に入れることに心がけたのである。そして、徐々に顧客の信用を得ていき、店を持つことができるようになった紅帮裁縫も多く出た。

陳氏の指摘から分かるように、当時の上海周辺は西洋文化の波が押し寄せ、19世紀末から20世紀初めにかけての上海は、紅帮裁縫の仕事で成功を収めていくのに最良の環境であった。１８５２年の上海の移住寧波人は30万人程であったが、50年後には１００万人程となった。また、20世紀初頭、上海の定住人口は２３０万人余りとなり、国籍は20ヵ国以上で、省籍は22種類程度だった。上海での紅帮裁縫店は７０１軒、そのうち寧波人の紅帮裁縫店は４２０軒、全体の60％を占めるまでに成長した。

では、現在ではあまり使用されなくなった「紅帮」とは、何を意味するのだろうか。当時、黄浦江西岸は、鼻の高い、青い眼をした「紅毛」と称される西洋人が多く在住していた。そして、開港場周辺の商工業は西洋人にサービスを提供する仕事が栄、西洋式衣服を仕立て紅帮裁縫店が出回わった。19世紀末、中国の縫製工場の設立は、洋装店から始まった。洋装店は「本帮（benbang）」、「白帮（baibang）」、「紅帮（hongbang）」の三つの流派から成り立った。中国式男性服装を中心に制作したのを「本帮」、女性の旗袍を制作することを「白帮」、西服を中心に制作されているのを「紅帮」と称し、それを仕立てる洋装店を「紅帮裁縫店」と称した。紅帮の「紅」は、「紅毛」の西洋人を指し、「帮（bang）」は中国語でいう「帮助（bangzhu）」で「助け合う」、「ギルド」の意である。西洋式衣服の仕立て人を「紅帮裁縫」といった。西洋式服装を採り入れた洋服に、中国人は注目した。特に紅幇裁縫店では、肩パットを採り入れ西洋式服装の上着は立体裁断で制作された。それまでの伝統的な中国式服装と違うシルエットが知られるようになると、ファッションに関心のある人は、見た目が良く、着用して着心地の良い紅幇に関心を示すようになった。それゆえ紅幇裁縫は、商業の一業種として成功するに至ったのである。

2．紅幇裁縫が誕生した頃の浙江省鄞県と奉化県について。

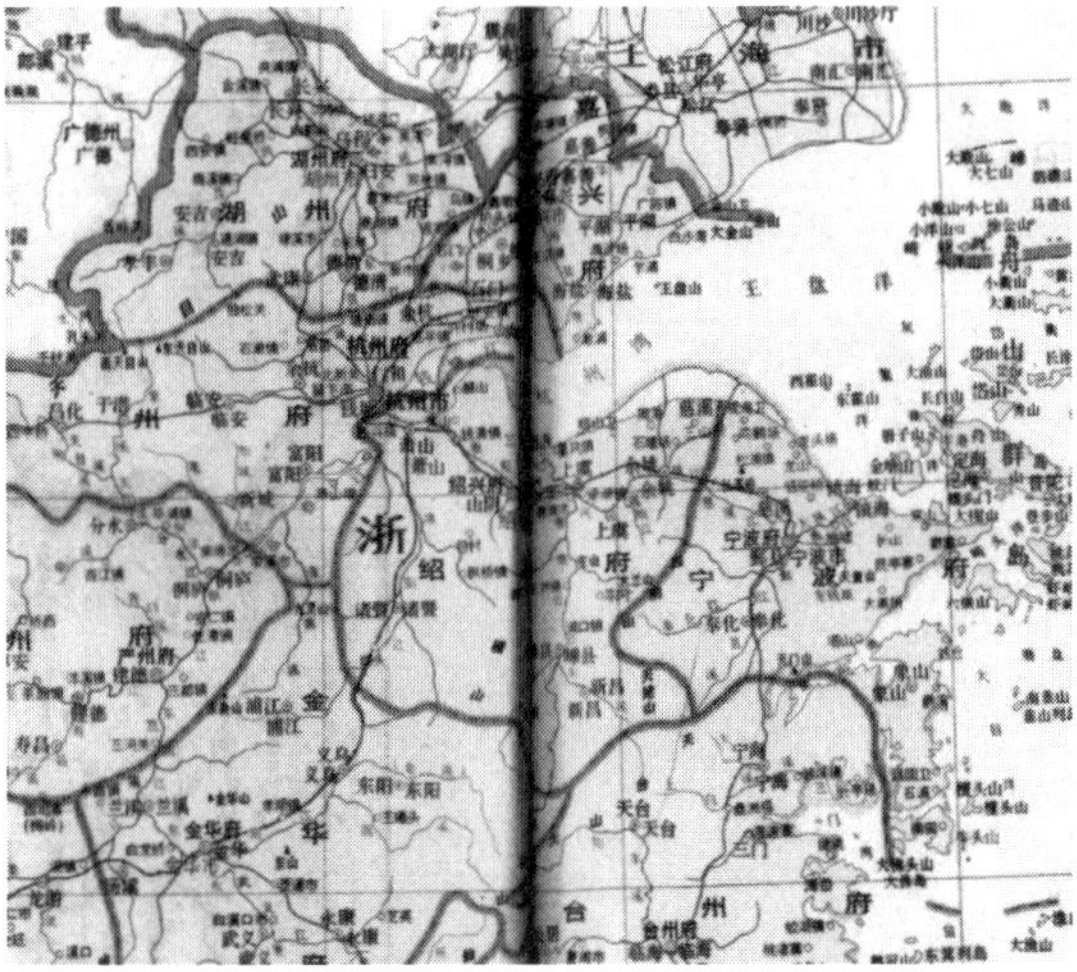

図１　1820年代の浙江省地図
（出典：譚其譲『中国歴史地図集　第八冊　清時期』地図出版社、1987年出版、31-32頁。）

陳万年氏の『創業者の足跡』によれば、紅幇の起源は今からおよそ２００年前、中国浙江省の奉化江両岸から誕生したとされる。奉化江両岸は、一人当たりの田畑が少ないので、農業の収入のみでは生活を営むことができなかった。その中に裁縫の技術を持つ人がいたので、裁縫を生活の糧として仕事を始めた人たちがいた。鄞県、奉化県の両県は、川の両側にあり風俗、方言、習慣も良く似ていたため、技術を持った人々同士が、生活していくことを目的に相互いに裁縫の道を広げていった。（図１）紅幇裁縫たちが誕生した頃、浙江省鄞県と奉化県はどのような地形、風土であったのか、『浙江省鄞県通志』と『浙江省奉化県志』を見ると、農業を営むには極めて困難な地形であったことがわかる。鄞県の地形は、ほとんどの山々が６７０メートルから７００メートル位の高さで、天童寺主山、鳴角山、白嶺山と上皤西には金峨山がある。西北と東南の間に沖積平原の土地がある。河の名前は、鄞江河と大嵩江河といい、二つの河は奉化西江と奉化東江に合流し、寧波に流れ、海に入っていく。地層は火山の土積と河から流れてきた沖積の水と合流し、色は紅色である。下層、上層で全て風化し、できた地質は酸性であった。両県には鉱山があり、銀と錫が採掘されていた。また、山は岩石が多く、建築の石材も多く採掘され、土壌は風化した物と、河から流れてきた定積土壌であるのでこの地方は、土壌のサンプルとなる集積場所でもあった。生産物は食塩と氷（寧波の海での漁業用）である。製産、工芸品は、草木の繊維を加工して作る敷物であり、織物は土紬（地元の絹織物）、蚕を育て絹織物中心に機織と手工芸を行なった。また、紹興酒、豆腐酒などを醸造していたが、生産地は交通が不便な山奥であったので、流通機構がうまく行われなかった。このような厳しい地形と風土の中で村の人々は生計を立てていくことすら困難であった。そのため手に職を持っていた紅幇裁縫が育ち、その中でも鄞県の張家、鄞県の陳家、孫家、周家、姜山頭近郊の張華山、侯家、陳家、孫家、奉化県の王家、奉化県江口の江家等が紅幇裁縫の代表として活躍し、19世紀後半、彼らのうちの何人かが日本に行くことを志した。彼らの中から最初に日本に行った鄞県の紅幇裁縫は孫通江であった。

時代が進むにつれ、紅幇裁縫は増え続け、上海の市場では飽和状態になった。当時の日本の服装状況は、着物が主流であったため日本人の仕立て人は、着物のみ制作していたため、西洋人の背広の仕立ての需要が見込めなかった。ゆえに寧波の紅幇裁縫たちは、中国人テーラーとして日本に出稼ぎに行くことを決断するようになる。

彼らは日本に行く前に、まず、紅幇裁縫として上海の紅幇裁縫店に弟子入りした。日本に出稼ぎに行っていた紅幇裁縫たちが、上海に帰国し、日本での体験談を弟子たちに話した。体験談を耳にした裁縫師たちは、

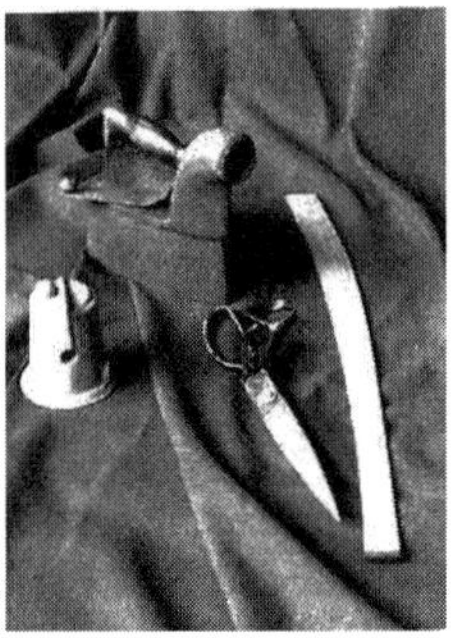

図２　旧紅幇裁縫使用工具（陳万豊『中国紅幇裁縫発展史』東華大學、2007年、21頁。）

日本で活動した先輩たちの貴重な体験談を聞き、それを参考に上海で紅幇の技術を学ぶことができた。20世紀初頭、上海では多くの紅幇裁縫が育っていた。彼らは、上海の港に外国船が辿り着くと、船に乗り込み、長い間航海でくたくたになり疲れ果てた服を身に付けている船員たちの繕いを引き受けた。その時、彼らは、修繕した西洋の上着からデザインと仕立てを学んだ。紅幇裁縫たちは紅幇の服の仕立てを脳裏に焼き付けて独学で学んだ。外国船停泊は2、3カ月であったので、船員たちの古い服の繕いをきれいに直して、客からは喜ばれた。その見返りとして、紅幇裁縫たちは「西服」の注文を引き受け、利益を得ていった。

3．日本における紅幇裁縫の活動

16世紀後期、初めて日欧交通を開いたポルトガル人やスペイン人着用の服装を日本では「南蛮服」と称し、17世紀から19世紀前半に至るまでは、江戸幕府の鎖国政策に長崎出島在留を許されたオランダ人の服装を「紅毛服」と呼び日本で出回った。[1] なお、開国後流入した近代西洋服装を日本では「洋服」と称した。日欧通交開始によって流入した西洋服は、男子服であった。南蛮服導入は婦人洋裁師の起点である。私達が洋服と称する西洋の服装は、幕末の開国によって流入した。幕末の人々が洋服に接した種々な状況は、明治洋裁へ発展する黎明期であった。[2] 明治時代の洋裁は、受容過程から3期に分けられる。初期は西洋文明の激しく流入する文明開化期、中期は鹿鳴館洋装流行期、後期はハイカラな貴族・ブルジョア洋装化である。大正時代の洋装は、市民社会が２０世紀スタイルを受容し、明治の洋装とは明確に区別される。初期には、生活改善の運動の洋装化が進行し、関東大震災後の末期は「あっぱっぱ」の服装に象徴されるモダニズムの大衆時代であった。昭和時代の洋服は、着用率が増大し、大正の洋装を劃す発展となった。昭和初期に普及の速度を早め、第二次世界大戦中にも活用され戦後には和服から洋服への変革が行われ、我が国服装の洋装化が完成された。

前項では、中国での「紅帮」という用語の誕生から、上海服飾界における洋装への挑戦、さらには、当時の紅帮裁縫たちが仕事を得るまでの過程について述べ、本項では日本に渡航した紅帮裁縫たちが、日本の服飾にどのように関わっていったかについて考察する。

１８５９年7月1日、横浜は安政五ヵ国条約にもとづき開港され、外国人居留地が開かれ、外国人が暮らす場所、居留地を中心に発展していった。１８６３年（文久８）、イギリスＰ＆Ｏ汽船グラナダがロンドン～上海航路を横浜まで延長し、航路の開設となった。[3] そのような社会状況の中、中国人が上海から横浜にやってきた。その当時の彼らの代表的な職業は紅帮裁縫であった。日本にやってきた紅帮裁縫は、ほとんどが広東省と浙江省（寧波）出身の人々であった。１８６７年、寧波人は長崎に来日したとも伝えられているが、長崎は洋服を着用する人が少なく紅帮の注文が少なかったため、生活に負担が生じた。わかっているのは、１８９１年の孫通江の来日である。広東人の来浜の証しはあるが、その後の日本での活動状況の情報を得ることはできない。

以下では、寧波出身の紅帮裁縫が「日本における紅帮裁縫の活動状況」を表に基づいて検証する。寧波は上海から陸路で４００キロ離れた港湾都市である。その中国寧波周辺の紅帮裁縫たちは、渡航費節約のため漁船で横浜に向かった。横浜港に入港の船は、４００トン以上と、船の大きさに制限があった。漁船では、横浜港には入港できないので、寧波の紅帮裁縫は当時の外国船に乗り移って横浜港へ入港したと言われている。そして彼らは、船員が着用している服の繕いも無償で引き受け、前にも掲げたが洋服の仕立て方法を学んだ。

日本の開国は、二段階で行われた。最初が日米和親条約（1854年3月31日）で、漂流民の救助やアメリカ船の下田・函館港への入港と薪水・食料の補給を扱う港とすることなどが取り決められた。日米修好通商条約（1858年）で定められた開港場は貿易のためのものであり、外国人が居住と営業のために町の一部を開いたものでもあった。これに対して和親条約は、貿易のためのものではなく、下田・函館は入港と補給のみ認める開港場であった。和親条約が結ばれた背景は、極力江戸から遠い、浦賀のあたりで交渉したかった日本側と、江戸の近くで交渉したかったアメリカ側との妥協の産物として、沖合の水深が深く大型船の停泊に適する横浜が注目される結果となった。それ以来、横浜が良港として選ばれたのだと考えられる。和親条約の締結は、横浜の発展の契機となった。1864年、イギリス領事の調査によれば、日本人の住民は1万2000人に達した。また、居留外国人も1861年（文久元年）の段階で、イギリス人54人、アメリカ人38人、フランス人14人、オランダ人20人などであった。また、広東の職人たちは日米修好通商条約が南京条約[4]の中国よりも比較的日本側に有利になっていたため中国で商売を続けるより、日本で商売をした方が有利であると判断するようになる。ゆえに、広東人は広州の港から日本に渡航し日本の服飾の市場を求めて紅幇裁縫として活躍した。そして外国商館で働く中国人が増え、横浜の町は日本人と在住外国人とが交流する活性化した町になっていった。

中国と横浜の定期航路が最初に開設されたのは、1863年であった。日本人の海外渡航が解禁されたのは、1866年のことである。そのような状況の中、上海から船で海を渡り、日本へ来た最初の紅幇裁縫が到着した当時の横浜や、またその後の横浜の社会がどのような状況であったのかを〈表1〉で示す。

４．１８５９年～１８９４年、横浜の主な条例と社会状況

表１　横浜開港から１８９４年までの横浜の主な条例と社会状況

年数	横浜の人口	横浜在留外国人の人数	横浜居留華僑の人数	横浜の行政に関しての規則と施設
１８５９年７月１日	４８２人			安政開港
１８６０年		34人		横浜町設置。「神奈川地所設規則（英、米、蘭）」。
１８６４年	１万２０００人		１８６１人	「横浜居留地覚書」調印。
１８６６年				末広町から火事が起き、関内の大半が焼けた（慶応の大火）
１８６８年	６万人			
１８６８年11月				横浜に居留地が登録。
１８７４年２月		２２４３人		在留清国人民籍牌規則制定。大尻の墓地用地、隣接地２５５坪が中華会館に貸与される。
１８７５年		２４９６人		英仏の軍隊が、山手居留地から撤退。
１８７８年		３０８５人	１１４２人	横浜区設置。
１８８２年	７万６１３５人	３５１２人	２１５４人	条約改正予議会第１回目会議が開催された。
１８８６年	９万４３０人	４４９４人	２５７３人	ノルマントン号事件起きる：１８８６年、英国舟ノルマントン号が和歌山県沖で難破した際、船長以下英国人船員は避難し、日本人乗客25名が全員死亡した事件。治外法権下の英国領事裁判が無罪としたため、不平等条約に対する日本国民の憤懣は高まった。

１８８９年	12万１９８５人	４５６２人		横浜市設置。
１８９０年	11万６１９３人	４６０１人		東京―横浜間電話開通。
１８９１年	13万２６２７人	４９３３人	４９３３人	
１８９３年		４９４６人	３３２５人	
１８９４年		２８０４人	１１７４人	日清戦争勃発

出典：横浜市戸籍課、横浜市中央図書館調査資料課が提供した資料に基づいて筆者が作成。

開港以前、横浜はわずか百戸たらずの半農半漁の村だった。開港場に指定され、居留地の建設が始まると、都市としての整備が急がれるようになった。その後、居留地の建設も進み、人口も増大していく。このような外国人による居留地整備の機運と、自衛の強化を背景として、１８６４年12月、江戸幕府とイギリス、フランス、アメリカ、オランダ４か国との間で結ばれたのが「横浜居留地覚書」である。中国と横浜との最初の渡航航路ができたのは１８６４年であるから、横浜居留地覚書ができたことで中国と横浜の航路が開通したと推測できる。この年の華僑の人数は１８６１人であった。特に１８６６年（慶応２）の大火後に市街地は急速に拡大し、旧市街地が復興するのと同時に新市街地の建設が精力的に進められた。こうして１８８０年代には40以上の町が作られ、市街地の面積は開港当初の10倍以上になった。また、外国人の居留地も、１８６７年（慶応３）に山手の丘に拡張することになり、この丘にも多くの洋館が立ち並ぶようになった。横浜の貿易は順調に発展を続け、１８８０年代後半まで全国の貿易総量に占める横浜の割合は日本最大だった。

〈表１〉でわかるように、横浜開港時期の横浜の人口は４８２人であったが、港町としての発展とともに人口も増加していった。時代が推移するに連れて横浜は「町」になり、「区」となり、「市」に変わっていった。

そのような環境の中で、紅幇裁縫たちは日本でどのようにテーラーとして地位を築いていったのか。安政開港（1859年）によって、我が国にもたらされた洋服は現在の服飾の原点であり、幕末から明治にかけて欧風文化が入り洋装が流行るようになっていった。また中山千代は、「The China Directory」と題した論文において、1861年横浜に来日して在留した中国人が最初の中国人テーラーと指摘している。[5] 日本寧波同郷会員の孫明峰氏からの聞き取り調査によれば、その人が香港でテーラーを開業した広東人であることが明らかになった。

「日本での欧米人テーラーは、1862年に開業したと中山千代は指摘している。横浜の欧米人テーラーは、1872年に洋服仕立ての注文を受ける生地商を含めて7つの商会があった。1878年（明治11）から1909年（明治42）までは、ドイツのローマン商会Lohman & Co.とイギリスのレンクロフォード商会の2大商会時の時代であった。[6] ローマン商会は、経営者が3回交代したがその後、廃業に至った。このことから、当時の日本での洋服業において、必ずしも欧米人テーラーが成功を収めたとは言えない。

横浜に来航した寧波の裁縫師たちは、日本で修行して、生計を立てていたことから「日本は紅幇裁縫のルーツである」といわれている。[7] 実際には150年前のことであり、文献も少ないので真偽を解明することは困難である。寧波の裁縫師たちが、日本の他の地区に比べて横浜に多く在住していたことは事実であろう。当時は横浜の居留地に外国人が多く在住し、港を拠点に外国人の出入りが頻繁にあった。外国人の服装はほとんどが背広で、洋服の注文が多くあったので、ここは紅幇裁縫たちの活躍の場であった。筆者は孫明峰氏から、紅幇裁縫たちが中国人テーラーとして活躍していた実態を聞くことができた。「表

2」は2013年2月末日までの聞き取りの内容をまとめたものである。ただし、孫明峰氏は、この調査の内容を現在も継続して考察しているので、今後新しい資料が手に入り、リストアップする可能性が十分ありうる。それを前提に孫明峰氏から「表2」を掲載する許可を得た。

5．日本で開業した紅幇裁縫師の活躍状況　1861年～1921年

表2　日本で開業した紅幇裁縫師　1861年～1921年

来日年代	来日したテーラーの名前	店名	住所	備考
1861年	不明	不明	香港&横浜	広東出身
1864年	譚有發	Cook Eye	横浜山下町81	広東出身
1867年	不明	トム	長崎	寧波出身
	不明	張与号	長崎	寧波出身
1868年	Wa Sing	不明	横浜山下町83	広東出身（ペルー人の通訳経験者）
	Quanqng Chong	不明	山下町165	広東出身
1869年	基昌号	Kee Chong	神戸居留地30	寧波出身（兵庫県洋服商業組合）
	Ah Shing	Ah Shing & Co（中国名で復興昌）	横浜山下町103 グランドホテル	広東出身
1891年	孫通江	益泰昌洋服店	横浜下山手町3－36	寧波出身（9年間横浜で開業）
1893年	不明	Uemura	横浜山下町16	寧波出身

1895年	蔡芳州	大洋店（テーラー&ドレス業）主にドレスメーカー。雲記Ung・Ki（屋号）	横浜山下町189番	寧波出身
1897年	張有憲	永興昌	不明	寧波出身
1901年	張有舜	同義昌	不明	寧波出身
1903年	顧天云	宏祥洋服店	東京	寧波出身
1905年	張有福 張有憲	公興昌（トムサンテーラー）	横浜山下町16 横浜山下町19	寧波出身 張有憲（1919年から1923年まで洋服業に携わる）
1912年	張方標	東昌号	不明	寧波出身
1914年	陳金生	金洋服店	横浜港区芝	寧波出身（張家で仕事をし、1910年に天皇家の洋服を作った）
1921年	張有福	福元羅紗店	京橋区宝町2−9	寧波出身。当時50歳。
	張広福	興昌号	不明	寧波出身
	張師月	同義和	不明	寧波出身

出典：日本寧波同郷会員　孫明峰氏提供（2013年2月）

〈表2〉を参考に、中国人テーラーが主に横浜を拠点として活動していた状況を述べていく。「Cock Eye」は、横浜の中国人洋裁屋の古参で、1864年4月6日号の『ジャパン・ヘラルド』に、「英国式のテーラー」として広告を出した。その後、1868年頃からは、中国人の仕立て屋が記載されている。図2の絵は、中国人テーラーの仕事現場で日本人、西洋人も働く、まさに共存共生の場である。

図２　1868年頃の中国人テーラーの仕事現場
（出典：中山千代『日本婦人洋装史』、1987年出版、吉川弘文館提供）

また、横浜と同時に開港した長崎でも、欧米人テーラーが現れ始めた。しかし長崎では、洋服を着用する日本人はごくわずかで、居留外国人もほとんどいなかったため、苦戦を強いられた。あるドイツ人が経営するテーラーは、１８６７年に開業するも、わずか2年後の１８６９年に閉業している。それ以降に、欧米人テーラーは長崎では開業する人はいなかった。中山千代は、「中国人の開業が西洋人の開業より遅れたのは、西洋人の開業を見た後に、進出してきたからである」と述べている。さらに「横浜に来た中国人テーラーは、広州、厦門、福州、寧波、上海の五港のうちの広東人が最も多く、寧波、上海人がこれに次いだ」と論述している。中国人テーラーは１８７７年（明治10）に急増して11店となり、１８７８年（明治12）は12店に増え、当初の6倍を超えた。１８９４年から１９０４年までは、15軒から20軒、１９０５年以降になると、30軒から40軒の中国人テーラーの名前が載っている。それは、西洋人を凌駕する進展であった。居留地の欧米人の人口の増加と日本人の洋装化に伴い、洋服の需要が高まったため「テーラー」の数は順調に伸びている。

横浜周辺の店の所在地では、本村通り（現在の前田橋通り）沿いに店が集まり、海岸通りには１８９１年より１９１８年まで「ＡＨ ＳＨＩＮＧ ＆ ＣＯ」を始め、何軒かが存在していた。図３の「ＡＨ ＳＨＩＮＧ ＆ ＣＯ」の広告内容は、全部英語で書かれてあることから、日本人を対象としたもので

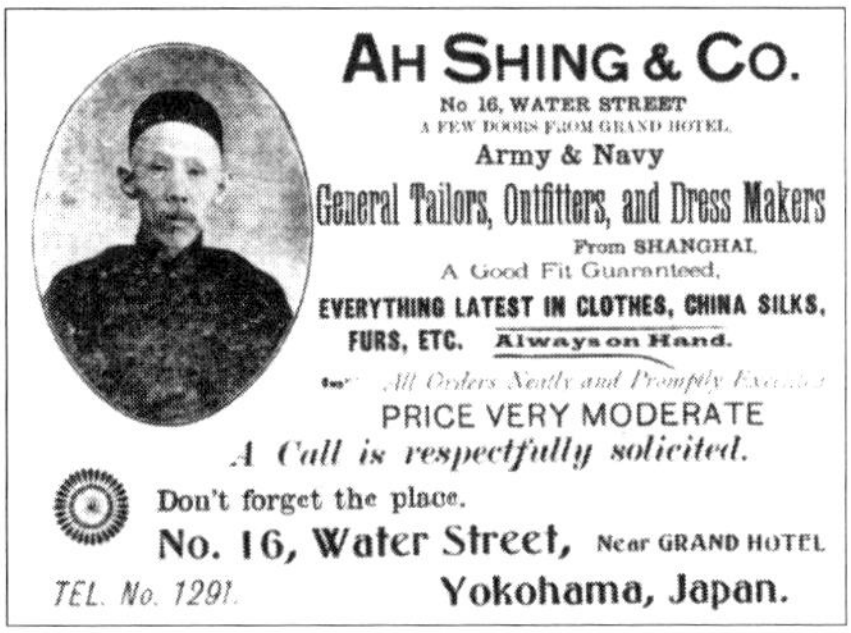

図３　復興昌洋服荘の広告（1890 年）
（出典：横浜開港資料館提供）

ないことがわかる。これらの紳士服店では1890年代に入ってからは、軍服、官員服、制服なども大量に制作した。洋服屋は、後に華僑の職業の大半を占めるようになった。それに比べて中国料理業、理髪業などは総じて少なかった状況が指摘されているのは、居留地に在住した外国人に職業上の変化が起きたのが理由である。それは、1899年に施行された勅令第三五二号の所謂内地雑居令とその施行細則である内務省令第四二号の影響が考えられる。これは、同年の居留地撤退に伴い外国人の日本国内での活動に大きな制約を加えるものであった。勅令三五二号では「労働者は特に行政官庁の許可を受くるに非ざれば、従前の居留地及雑居地以外において居住し又はその業務を行うことを得ず」とされ、内務省四二号では、「労働者は農業漁業鉱業土木建築製造運搬挽車沖仕業其の他の雑役に関する労働に従事する者を云う。」の勅令が出たことで、居留地に住む外国人は活動範囲が狭まることになったのである。

ここで、内地雑居令が出る前の時代の推移を考えてみる。明治新政府初期後の日本には欧米のような法律や司法制度等が整備されていなかった。そこで、憲法の制定に向けて伊藤博文らが調査のため欧州を訪問する。帰国後ドイツ人のロエスレルらの意見を参考にしつつ、君主権の強いドイツ型立憲君主制を模範とし、日本の独自の天皇中心の国家観を加味した憲法づくりが始まる。そして1889年（明治22）2月11日、大日本帝国憲法が発布され施行された。憲法に続き、裁判所構成法、刑事起訴法、民法、民事起訴法、商法などが相次いで公布された。商法については、ロエスレルを中心に起草され、1890年（明治23）4月に発布されたが、日本の商行習慣にそぐわないと施行延期を求める声があがり、法典調査会のもとで作成された新しい商法が1899年（明治32）6月に施行された。法典編纂だけでなく近代国家の体制を整えるため、政府は司法制度と警察制度の整備も進めた。こうして国内の諸制度が整い、条約改正、内地雑居がいよいよ現実味を帯びてくると、内地雑居後は外国人も日本の警察や刑務所に入ることになるので、警官や看守は英語が必修だという意見が出た。

1894年の日清戦争の勃発にともない、中国人は交戦国人として管轄されるようになった。その後、日本人商人と中国人商人との競争が始まることとなる。1896年（明治29年）に結ばれた日清通商条約では、日本は中国国内での領事裁判権を一方的に保持することになっており、また、中国人に内地雑居を許可しなければならない条約上の根拠はなかった。そのため中国人の内地雑居問題はさまざまな議論を呼び、改正条約実施直前まで決着がつかなかった。中国人の内地雑居に対しては、社会風俗あるいは衛生面などの観点から、反対意見があった。アヘン吸飲などの風俗、習慣が、日本国内に蔓延して弊害をもたらすと考えた人々がいたためである。また、内地雑居を全面的に許可すれば、大勢の中国人労働者が来日して低廉な労働力が流入することになり、日本人労働者の働く場所を奪うのではないかという危惧も広がった。その後日本人テーラーが進出、彼らの隆盛が中国人業者を停滞させた。

1871年以後、横浜は洋服業が興隆し、大洋服店、189番の「雲記Ｕｎｇ－Ｋｉ」が登場する。雲記の繁栄に伴って、再び横浜を中心とする洋服業界は中国人業者が復活し、雲記の仕立て人に支払う賃金は、洋服裁縫職人の標準となる。なお、当時の日本の服装は着物から洋服に変わり始めた時代であった。そのため、洋服の生産と需要のバランスがなかなか取れず、洋装スタイル大流行の大変な世界であった。しかし、経済伸長を遂げる業界には、労資の対立関係が生じた。中国人と日本人が団結して1898年（明治31

年）10月25日に「横浜日清同盟女洋服製造職工組合」を結成した。注文洋服仕立て職人が職工の名称を用いているところに、意識の変化が見られた。職人の組合に対抗して「雲記」「竜茂」等の経営者に日本人業者が加わって、同年12月６日、「西洋女裁縫日清同盟組合」を組織した。大商館に成長したそれぞれの親方たちは、弟子たちが急成長したため、職人に対する親方の面影が失われた。両組織の最初の対立は、１９００年（明治33年）の待遇改善問題である。しかし、両者は和解して、日中両国の親方と職人が同盟を結び「第一回日清同盟組合」を成立させた。次いで、明治33年に起こった就業時間問題は、７月16日から８月６日までの同盟罷工（ストライキ）となった。各商館の職人たちはピケラインを張り、組合歌を歌って就業を妨害した。中国職人10名は、「雲記」に煉瓦を投げ、「雲記」側も煮湯を用意する過激な争議となり、煉瓦を投げた職人が逮捕された。この暴力事件のため職人側は敗れ、３月から８月まで半年間の就業時間は30分延長となった。９月から２月までの時間延長は、阻止することができた。同時に、「第２回日清同盟会組合」を結成して、親方対職人の融和をはかった。同盟会は５回まで改組されたので、その度に対立があったのであろう。

各地の中国人洋服業者は日本人より早く開業しているが、東京には明治30年からテーラー「永興昌」と、婦人服部の「雲記」が存在していた。中山千代は「中国人洋服業はわが国より早く開業され、中国洋服業界のテーラー、ドレスメーカーであった。日本人の初期業者には、この中国人商館で技術を習得した者がかなりいる。中国人業者は西洋人と同様に、日本人の技術伝習を担ったのである。彼らの優秀な技術によって、中国商館出身の日本人職人にも、高い技術的評価があたえられた」と述べている。

それまで日本では日本人の洋服仕立て人は少なく、足袋職人が、洋針を使いこなしていた。その職人が中国人テーラーの指導で洋裁技術の習得に励んだため、西洋の仲間入りができるようになり、服装社会に変革が起こった。中国人テーラーの活動の発端は、今から150年前頃、時代は1865年頃にさかのぼるが中国では「3把刀」という仕事の技を習得し、多くの職人たちが受け継いできた。それらの技は、日本人にとって中国の職人から教えられた貴重なものになった。居留地の時代から、日本における華僑の活動範囲は、居留地、雑居地に限られていたため、農業に従事する者はいなかった。これは、日本在住の華僑の第一の特徴である。しかし内地雑居となれば日本人との競争も激しくなり、居留地の枠を超えてより多く顧客を求めていかなければ商売は成り立たなくなった。そして法律上の問題とともに重要なことは、日本人技術者の進出であった。中国人は中華料理、理髪、洋裁といった華僑の技術面での優位性が保たれる業種が栄えていった。現在でも横浜で寧波出身の紅幇裁縫が洋装店を経営し続けている「トムソン商会」経営の張肇揚氏が、紅幇裁縫たちの経緯を語った。その聞き取り内容は、次のとおりである。

上海周辺の（寧波も含む）多くの紅幇裁縫たちは、裁ちバサミを持って先輩たちを頼って日本へ来た。明治の終り頃は、日本人のほとんどが着物の世界。そのため活動的な洋服は、日本人の憧れのファッションであり、ハサミ一つで日本を訪れた紅幇裁縫たちは、紅幇の修行ではなく日本に出稼ぎに来たのである。横浜には、華僑の経営するお店は300軒位であった。そのうち31軒が洋服店。紅幇裁縫たちは、貧困から逃れてハサミを生活の糧とし、海外で一旗揚げようと野心を抱いて日本へ来たのであった。特に第2次世界大戦の最中、日本に密入国する中国人が多かった。日本が高度成長の頃、横浜の中華街では96軒の華僑経営のお店が存在、そのうち33軒が洋服店であった。しかし今日、中華街では紅幇裁縫店は一軒も存在しなくなった。現実は食の文化に移行している。

紅幇裁縫たちは紅幇という技術と、その技術に必要な裁ちバサミを持って来日し、洋装店を開店した。また、張肇揚氏は18歳の時、台湾に修行に行ったと文献で掲載されているが、中国の文献から得る資料の内容と張肇揚氏が話してくれた実話とはどのように大きく異なるか。張氏が、体験に基づいて語った内容を以下に掲げる。

鄞県出身で紅幇創始者の張尚義は、張有福に日本の洋服店を任せて香港で洋服店を数軒経営した。

1950年頃、香港で「西服」の既製品は飛ぶように売れた。張肇揚は背広の制作の修行を終え、時代と共に変わってきた背広への消費者の要求を理解するためにも台湾の背広の既製品縫製工場へ勉強方々縫製の指導に1年間出かけた。当時の台湾は蒋介石が首相になり、台湾の政治を納めるようになったので、浙江省出身の蒋介石を頼って、台湾で背広の既製品の生産に力を注ぐことができた。

張有福は現在の「トムサン商会」経営者である張肇揚氏の曾祖父であり、父は張方廣であった。張方廣の代で東京のパレスホテルの中に開業した店は、数年前現在の横浜市中区山下町のお店だけに集約した。服飾業では既製品が定着し、改めてオーダー服を求める消費者は少なくなってきていると、張肇揚氏は語っていた。今回聞き取り調査をすることで、約150年前にハサミと共に、紅幇という技術を持って日本を訪れた多くの紅幇裁縫たちが、日本で生活した様子の一面が明らかになった。

以上、「日本における紅幇」について考察したが、「日本は紅幇のルーツであり、「日本は紅幇のルーツである」と寧波服装博物館の夏氏が述べたことについては、寧波人が紅幇を上海や日本に広めたのであり、「日本は紅幇のルーツである」と断定することはできないのではないかと考える。

第2節●孫文と中山服の誕生

1．中国同盟会の結成

中国同盟会は清末、1905年8月20日、孫文らにより東京で結成された政治結社で、略称は「同盟会」である。同盟会とは、孫文を中心に清朝打倒を目指す革命運動の指導的役割を担った団体である。清朝は1895年日清戦争に負けた後、近代西洋式教育が社会的上昇の方途となったため、各省の地方エリートの多くが、近代化を成し遂げつつあった日本へ留学するようになる。1905年から1906年にかけて中国から日本への留学生は8000人に達した。彼らは列強の圧迫に対する民族的危機観を抱くと共に、西洋や日本の政治及び社会的な思想の影響を受けた。そして東京に在籍する中国の留学生たちは、反列強民族主義・排満民族主義・共和主義・社会主義といった多様な思潮に基づく言論活動・政治運動を主に出身省単位で模索した。留学生の運動は基本的に新政の主要な担い手であった国内の地方エリートの、各省を単位とする改良運動の延長線上で展開された。

1902年11月26日に創刊された機関紙『民報』の「発刊詞」において、孫文は民族主義、民権主義、民生主義の「三民主義」を掲げ、初めてそれについて具体的な解説を加えた。また、翌年、12月2日に催された『民報』創刊一周年記念大会における演説で孫文は、『五権分立』という各国の制度にまだ無い「行政権・立法権・司法権」に「考試権」「監察権」を唱えている。このように孫文の考えを加えることによって中国同盟会の宗旨・綱領は、当時の中国からの留学生の間で留日学生界に既に存在していた多様な思潮を体系的・網羅的・先進的な革命理論として確立した。

しかし、中国同盟会東京本部は、政治化した中国の留学生たちのサロン的集団という性格を強く残しており、彼らの間で実際に革命運動としての垂直的な指導関係や階層秩序が確立するには、至らなかった。

２．中山服の変遷における裁縫師たちの関わりについて

ここまでに何度か述べてきたが、紅幇裁縫たちは西服の仕立て人として中国や日本で活躍した。そして寧波の紅幇裁縫たちは、孫文が理想とし、今日までも中国において存続している中山服の制作に関わった。また、20世紀初頭、上海において服飾業界の走りである中国服飾商業協同組合も設立した。

では、孫文が考案したといわれている中山服には、寧波の紅幇裁縫たちがどのように関わっていたのであろうか。１９０５年、中国から来日していた留学生と華僑の励ましに応え、孫文は８００名ほどを東京に迎え歓迎会を催した。横浜、東京、大阪、神戸などの愛国志士や革命同士が常日頃心掛けている目的を話し合う場を設けたのである。この時、張尚義の孫である張方誠は、会談に参加した同志から、孫文が理想とする服装の考案の内容を聞くことができた。孫文は、会談後、黄興ら、革命同士と共に張尚義の洋服店に行き中国の新しい服装を創成することを提案し、張方誠等、服装界の華僑の人たちに意図を託した。この時期は、中国からの留学生や華僑の人々の日本における交流の最盛期であった。

当時の日本の軍服や学生服は、西洋の軍服のデザインを採りいれたとされている。孫文は、そのことに関心を示し、日本の軍服や学生服を中山服のデザインに採り入れたらどうかと黄興（興中会会員）に意見を求めたといわれている。その際、紅幇に関わる背広の製作技術を採用し、そこに中国の服飾伝統文化を挿入したのである。中国人の体位に基づいたうえで、黄興は気質と社会生活に合わせた形の新しい動きを試験的に

写真4　中山服9つのボタンを着用の孫文（左）
（南京総統府にて筆者撮影）

採り入れ、それを日本で活躍しているテーラー張方誠が制作し、1905年、孫文が上海に帰国する寸前に孫文に手渡したと伝えられている。

孫文が中国で革命蜂起を行った際、清朝政府は日本政府に対し孫文の逮捕と引き渡しを要求した。当時、日本の韓国統監であった伊藤博文が、孫文と関係の深い内田良平を呼んで対応策を検討した。その結果、孫文は自発的に日本から退去することとなった。

ちょうどその頃、寧波出身の張方誠が孫文の理想とする洋服の考えを支援し、中山服のデザインを聞き取り、彼らが持つ裁縫の技術を応用して中山服を作製したとされる。

辛亥革命後、孫文は日本陸軍の士官服と学生服と日本で作った最初の中山服を栄昌祥に持っていき、これらの服を基にして一つのシャツカラーと蓋のある4つのポケット、その蓋は逆山山路型で、ペンシル入れも作成した。そして中国民主革命の知識分子が使うのを象徴した。そして前中心打ち合わせの7つボタンを5つに替えた。それは五権憲法を象徴した。そして袖の4つのボタンを3つにした。それは三民主義を象徴している。

その服装を基にして、当時、上海紅幇裁縫として名がとどろいていた栄昌祥、王才運、黄隆生などが革命服である中山服を製作した。近年、横浜の寧波同郷会の研究会の報告によると、張方誠は、孫文に初めての中山服を手渡した後、上海で「同義昌呢絨洋服店」を開業、中国でも中山服の制作にも関わったということである。

また別の説によれば、孫文はその中山服を中国に持ち帰り、上海の黄隆生の服装店を訪れ、自分の理想とする中山服のデザインを話したといわれている。黄隆生は、もともとハワイで洋服店を営んでいたが、上海に戻っていた。彼に直接出会ったことでさらに心が惹かれた。黄隆生は孫文の中山服に対する思いを聞き、その後の中山服の制作に大きく関わっていった人物であると称されている。

当時、南洋に在住の華僑の中で、企領文装という服装が流行していた。孫文はこの企領文装が気に入っていたようで孫文の陵墓である中山陵の写真展示の中にも企領文装を着用した写真が数点見られた。孫文はお気に入りのこの服装のデザインも新しい服装に採り入れ、作り出そうとしていた。孫文は1923年、広東大元帥に任命されている。黄隆生はちょうど広東大元帥の所に勤めており、孫文は彼に企領文装のデザインを新しい服のデザインに採り入れるよう進めた。孫文と黄隆生は、企領文装の襟に台付きカラーを付け立体感を出した。こうして、中山服は、ただ1枚の上着で洋服の背広の上着とシャツという両方の役割を持つ服装となった。さらに、「企領文装」のもともとついている3つのポケットを4つにし、とくに下の2つのポケットをマチ入りポケットとした。それについて孫文は、ポケットの中に本やノート、学習する時の必需品を入れられるように、改めてマチ入りポケットを制作したと説明を付け加えている。また、ポケットの上に蓋を付けてポケットの中に入っている物をなくさないようにも考えたと言われている。ズボンは、隠しボタンを前中心に付け、左右に蓋付き袋ポケットをつけた。こうすることで、必需品を携帯するように適している中山服が出来上がることになる。「中山服の設計が決まったら、黄隆生が自ら一着を仕立て、これが我国ないし世界における中山服の誕生である」と、方舟氏・章益氏は述べている。

中国の歴史の変動に伴った服装状況の移り変わりについて陳万豊氏は、文献中で、「私たちは知った。中国の有意義な服装の変化は、歴史上において3回に分けられていた」と述べている。その1は、春秋戦国時代、その2は北魏・考文帝の時、その3は盛唐の帝王の時、帝王は各民族の服装を見て、良い物を取り上げたのでいろいろとグレードの高い服が出現した。大幅に服装改革を取りいれたので、異なったデザインが現れ、多種多様な服装が存在していた。辛亥革命までは、服飾においても2千年の封建社会の伝統制度が引き継がれ、辛亥革命によって新しい政権が成立したことにより、伝統の官服制度は無くなり、それまで引き継がれていた服飾の模範礼儀の法律は失われていった。それに伴って、新社会制度の確立が行われ、服制改革の要望が出現した。また、中国では封建制度は、周代に行われていた。しかしその後も「封建」とする説もあるが実際には中国の政治形態をみると、「中央集権的官僚体制」という説もある。

1912年、孫文は南京にて臨時大統領に就任した。2月宣統帝が退位し清朝は滅び、中華民国が成立した。そして西洋式服装を採り入れた新しい服飾制度には、弁髪はふさわしくないとおさげ髪を切ることを国民に命じ、1912年3月5日、孫文は、内務部命令で「辮髪廃止を一律中国人民に通報する」という規律を定めた。そして1912年10月、民国政府は初めて正式な服飾法令を規定した。これは男女の正式な礼服の色や生地の様式について詳細に規定した法律であった。孫文は、新しい服飾状況について「衛生的で、且つ動作に敏感で、経済的にもバランスよく、見た目にも良い服装がこれからの中国には必要である」と国民に指示した。孫文は、新式服装様式構想を開始した。これは、後に言い伝えられた中山服のことであり、民国期、中山服は、国民革命の象徴であった。

1925年、孫文はこの世を去った。彼は、「中国革命の父」と中国国民から呼ばれ、広州革命政府を確立した。「中山服」という名は、孫文の号を命名したものである。孫文は、広東省香山県で誕生したため、後に香山県は彼の号である中山の名にちなんで中山県と名を変えた。中華民国主席となった蒋介石が孫中山の服制改革を尊重して中山服と命名した。[8] １９２７年、中国各地、特に上海では孫文を記念するムードが高まった。『民国日報』から見ると、孫中山を記念して大手の眼鏡店が中山記念眼鏡を売り出し、また美術工芸品としてシルク織物の中山像を作製し、それを製品として売り出した。レコード会社が孫文の声を録音したレコードを売り出し、中山出版局も『中山全集』を出版した。なお、当時の上海で主に活躍していた洋服店6軒が存在した。17頁で述べた浙江省奉化県の王家と江家の両家と他に王栄康、王興昌、裕昌祥、汇利の4軒が中山服記念商品の売り出しに熱を入れた。インパクトある広告の内容は、一、「中山さんは王家と江家の両家の服装店にて服を注文した」。二、「中山さんはこの両家の店で洋服を作り、本物の店と称賛された」。三、「この両家の服装店は、中山服様式と標準の中山服を作成した」。四、「一般の人にも洋服を作った」。中山服は上海のこの王家と江家の両家洋服店で形が定まり、孫文を記念するムードの高まりに相まって普及していった。

１９２８年、蔣介石は中華民国政府主席になった。蔣介石の国民への呼びかけの下、中山服は文官制服となり、これは革命の意味も含んでいた。１９２９年、民国政府は憲法を制定し、中山服を男子の礼服と規定し、四級長官に決まった者は一律にそれを着用することとした。と同時に中山服の服制改革を進めるよう指示した。これは、中国服飾史上最も偉大な変革の一つである。このことについては、第2章の「民国期服飾制度」で詳しく述べる。中山服は、長い間継承されていることに、陳毅元帥は、「中山服は、中国人の誇りに思う事である」と述べている。

１９９8年に寧波服装博物館が設立され、その後11年に渡り博物館の研究員らによって紅幇裁縫についての研究がなされた。その中で紅幇と中山服との関わりを解明し、確かに関わりがあったことを証明した。さらに中山服の変遷をも明らかにした。また、２００9年8月、寧波服装博物館は、天津から服装史専門家の華梅氏を招待した。その時、華氏から中国近代服装史の中に一つの重要な情報を獲得したと２００９年10月、寧波服装博物館から出版された文献に書かれていた。この情報を根拠に、服装博物館では中山服の広がりについての手掛かりをつかんだと述べていた。

それによると、上海市の図書館で１９２７年3月26日出版の『民国日報』のトップページに4つが掲載された。上海南京路の栄昌祥の広告で、「民衆になくてはならない中山服」というタイトルで、「確かな様式、値段は特別安い」とあった。孫文は小さいサイズの中山服を着用したため、それを標準サイズとした。また、革命軍もこのサイズを提唱し、特別安い値段に優遇したため、中山服購入者は大歓迎しているという広告であった。

また、１９２７年4月30日、西服の広告によると栄昌祥は「中山服の創始者は王才運である」と述べている。王は奉化市江口街道王淑浦人であり、第1節1項に前述した紅幇裁縫が多く育った、奉化市王淑浦（図1参照）の出身である。王は15歳で栄昌祥の商店に見習いとして弟子入りし、まじめにコツコツと仕事を覚え栄昌祥の商店で正社員となった。１９２５年5月30日、「五・三〇事件」[9]が発生、王才運は民族尊厳を考慮、日本製品をボイコットし、商売を国内で行うことにした。彼は、28歳で上海市西服業同業界理事長となる。また、上海西藏寧波同好会の立ち上げ時に、王は王順泰という33歳の会社社長と対面した。彼もまた王淑浦の出身であった。両者とも、当時の孫文の活躍を記念して、新聞に中山服の広告を頻繁に掲載していた。

中山服の制作にあたって、中山服のシルエットは西洋服と同じと考え、立体裁断で作製し、試験的に左右の肩に肩パットを挿入した。上等な中山服は、純毛の毛織物や普通のウール素材で出来ていたが、着用者によっては混紡ウール素材を使用していた。中山服の普及により極普通に中山服を着用したいと思う人には、安い値段で手に入る綿素材を使用した中山服が作製されるようになっていった。中山服は、西洋式に感化されながらも中国式の形をとっていることは明らかである。そして中山服は、デザインが何度か変化し、中国の代表的な服装となった。中山服は、紅幇裁縫の主に品格の高い男子の服装と受けとめられていた。

中山服は、中国と西洋の服装文化を融合させてつくられたものである。孫文は日本で接した学生服、軍服のデザインの理想とする部分を採用し、中山服の採用を栄昌祥に託した。この時期制作された服装は、中山服の基本の形となり、台付きシャツカラー付き、前身頃中心に7つのボタン、また5つのボタンをも制作、後中心切り変えなく、前身頃上下左右、4つの逆山山路型蓋付きマチ入り貼り付けポケット、左上前のポケットにはペン挿しが付く。2枚袖の袖口に小粒の3つのボタンが付けられた。今日でも着用されている中山服の基本形のデザインは、民国時代と変わらず台付きシャツカラー、前身頃5つのボタン付き、前身頃上下左右4つのポケット付き、左上前のポケットにはペン挿しが付く。そして袖口に小粒の3つのボタンが備わっている。

1949年10月1日、中華人民共和国が成立した時、毛沢東は中山服を着用して天安門楼上に姿を現した。現在までも中山服が浸透しているのは、毛沢東が建国の時、中山服を着装したことが発端である。そして中央政府指導者たちも中山服を着用して国民の前に姿を現した。これまで述べてきたように、中山服は、孫文の考案に基づき中国浙江省寧波出身の紅幇裁縫たちによって制作された。彼らは、西洋式服装と中国式服装を仕立てに取り入れ、現在までも中国の服装として続いている中山服を作り上げた。それは、先行研究で掲げた「紅幇裁縫は、現代服装の起源である」という寧波服装博物館の夏氏のメッセージでもある。

コラム

中山服は、1912年中華民国政府により礼服と制定され、さらに1929年には「国服」（国を代表する服飾）に定められ、文官が就任の宣誓をするときは、必ず中山服を着用するよう憲法で規定された。

そして中山服は、えり、そで、ポケットさらにボタンまで、それらはすべて政治的な意味を持っていた。たとえば前身頃の四つのポケットは国を維持するのに必要な四つの道義（礼・義・廉・恥）を表し、ポケットのふたとペンさしは、文でもって国を治めることを寓意していた。

ポケットの四つのボタンは、人民が擁する四つの権利（選挙・罷免・創制・複決）を表していた。前身頃の五つのボタンは、孫文の理論である五権分立（行政・立法・考試・司法・監察）を示していた。袖口の三つのボタンは、三民主義（民族・民権・民主）、共和国理念（平等・自由・博愛）を表した。中山服の後身頃には縫い目がなく、それは国家の平和と統一の大義を表し、襟は立折の詰襟にしたのは、謹厳に国を治める理念を示していた。

1945年10月の重慶談判の時に、毛沢東と蒋介石は二人とも中山服を着ていた。

紅軍から八路軍、新四軍、そして現在の中国人民解放軍は、すべて中山服を基本に軍服を製作している。

高黎明（紅都服装店）

＊注

1　中山千代『日本婦人洋装史』株式会社吉川弘文社、1982年、117頁。
2　黎明期：新しい文化・時代などが始まろうとする時期。
3　横浜みなと博物館「横浜港客船年表」による。
4　安政元年（1858）、江戸幕府と米国との間で結ばれた通商条約。
5　中山千代「Japan Directory（1）」、『研究紀要』、第22号、文教大学女子短期大学部、1978年、15頁。
6　ローマン商会の設立者H・ローマンは、ラダージ・オーエルケ商会上海支配人であったが、明治5年（1872）に、神戸に来てローマン商会を開き、翌年西村勝三氏の裁縫師となり、74（明治7）年に横浜に移った。
7　陳万豊「紅幇裁縫在日本起源研究」、寧波市政協文史委員編『紅幇裁縫与寧波服装検討会文集』寧波市鄞州区文化庁電新聞出版局寧波服装博物館、2009年、27頁。
8　前掲、陳万豊「中山装出処初析」、寧波市鄞州区人民政府『紅幇裁縫与寧波服装検討会文集』77頁。
9　「五・三〇事件（五卅事件）」、愛知大学中日大辞典編纂処『中日大辞典』大修館書店、1968年、1963頁：1925年（民国14年）5月30日の事件：同年2月、上海の日本人経営の内外紡績工場のストライキに端を発して、全市の紡績労働者が加わった。日本側は5月15日、これを弾圧、死傷者を出した。5月30日、2万人余りの紡績労働者が反搾取・反帝国主義をスローガンに抗議デモを行い、警官と衝突し、英国警官がデモ隊に発砲し、多数の死者と重軽傷者を出した。この事件を契機として上海全労働者がゼネストを行ない、その後全国的な政治ストに発展し、反帝国主義闘争が展開され、いわゆる「五卅運動」が展開された。

第2章　中山服の研究
―製図の分析を中心に―

はじめに

清朝末期から民国期にかけて紅幇裁縫たちが活躍した頃、孫文考案の服装がテーラー張方誠によって創作され、孫文に手渡された。孫文は中国に帰国した後、彼が理想とするデザインを紅幇裁縫たちに語り、彼らの協力により中山服が出来上がった。第1章ではそこに至る経過を考察し、論じた。では、どの衣服のシルエットとデザインが中山服に取り入れられたのか。先行研究でわかったことは、「中山服の原型は背広」であると書かれている資料や書籍が多く存在する[1]。20世紀初期の中国において、上海などの沿海都市を中心に西洋の文化が入ってきたことで、背広は中国の服飾社会に広がり始めたとされる。1949年中華人民共和国成立後あたりまで、中流以上の中国の男性は、着丈が長い中国伝統衣装の袍を着用していた。中山服は、西洋式服装の背広が原型であるという説が主流であるが、実際のところどうであるのか筆者は中山服や背広の型紙を製作し、分析して検証する。

また、第1章でも述べたが、企領文装や日本の学生服が孫文の理想とする服装であると書かれている文献もある。それらの服装が中山服をデザインするうえで、どのような影響を与えたかも検証する。企領文装とは、19世紀末から20世紀初め頃、南洋の華僑たちの間で流行した服装である。初期の中山服の襟のデザインは、本来のチャイナカラーとは異なり、企領文装や日本の学生服によく似た立ち襟である。また、シルエットも肩にパットが入り、運動量が多い服装である。ゆえに、手に入れることが出来た日本の学生服の型紙を併せて作成し、中山服の型紙の作図と比較する。

第1節では、現在の中山服の製図の特徴について考察する。第2節では、背広の型紙を作成し、中山服の型紙と比較することで両者の相違点を分析する。さらに日本の学生服の型紙も作成する。これらの型紙を比較して中山服のシルエットとデザインが何を基にして作成されたのかを検証する。第3節では創作されてから今日に至るまで、中山服のデザインの変遷を精査考察したい。

第1節●中山服の製図

中山服は中国の男子の服装であるから、日常携わっている中国の服装の型紙による模範製図を以下に掲げる。中山服の原型は、この原型により、サイズが図1のごとく、まず男子服基本製図（図2参照）を引くことから始まっている。服飾に従事している筆者の視点から見ると、一般の上着製作より、背幅と身頃にかなりのゆとり分を挿入しているといえる。この原型によりサイズがよほど違わない限り、誰でも着られるフリーサイズの中山服ができ上がると推察する。

中山服の製図分析

図1は、現在残っている中山服の製図である。折れ襟（台付きシャツ・カラー）、前身頃打ち合わせに5

つのボタン付き、前身頃に4つの蓋付きポケット（前上部2個のポケット付きで左側のポケットにペン挿し付き、下のアウトポケットはマチ入りデザイン）と二枚袖の製図である。

上記に掲げた「中山服のポケット製図」は、図1の中山服原型のポケットの製図である。現在も中国の服飾社会に存続している中山服の前身頃に4個の蓋付きポケット（2個上部のポケットは左胸にペン挿し、2個下部はマチ入りアウトポケット）の作図である。

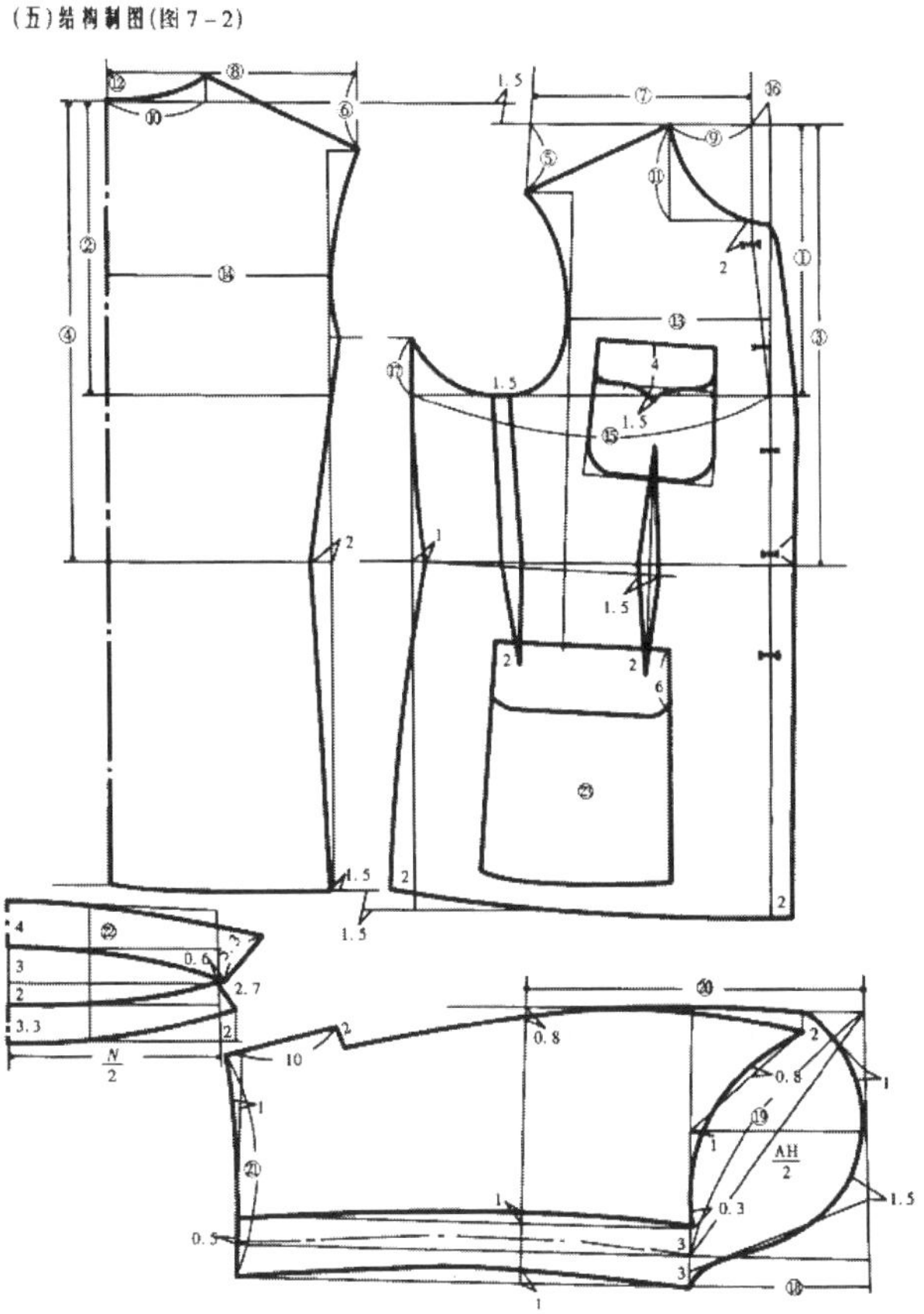

図１　中山服原型の製図
（出典：周邦楨,『高档男装結合設計製図』、中国紡績出版社、2003年、180頁）

また中山服は、「国服」ともいわれてきた[2]。そのデザインは穏やかで上品であり、着用感は他のものに比べて快適であったとされる。また、その生地の種類は多く、毛織物や綿布も中山服に使用されている。中年と老年は落ちついた色の生地を選んだ。高級生地を選んで作り上げた中山服は、式服として着用され、普通生地のウール素材を使用し

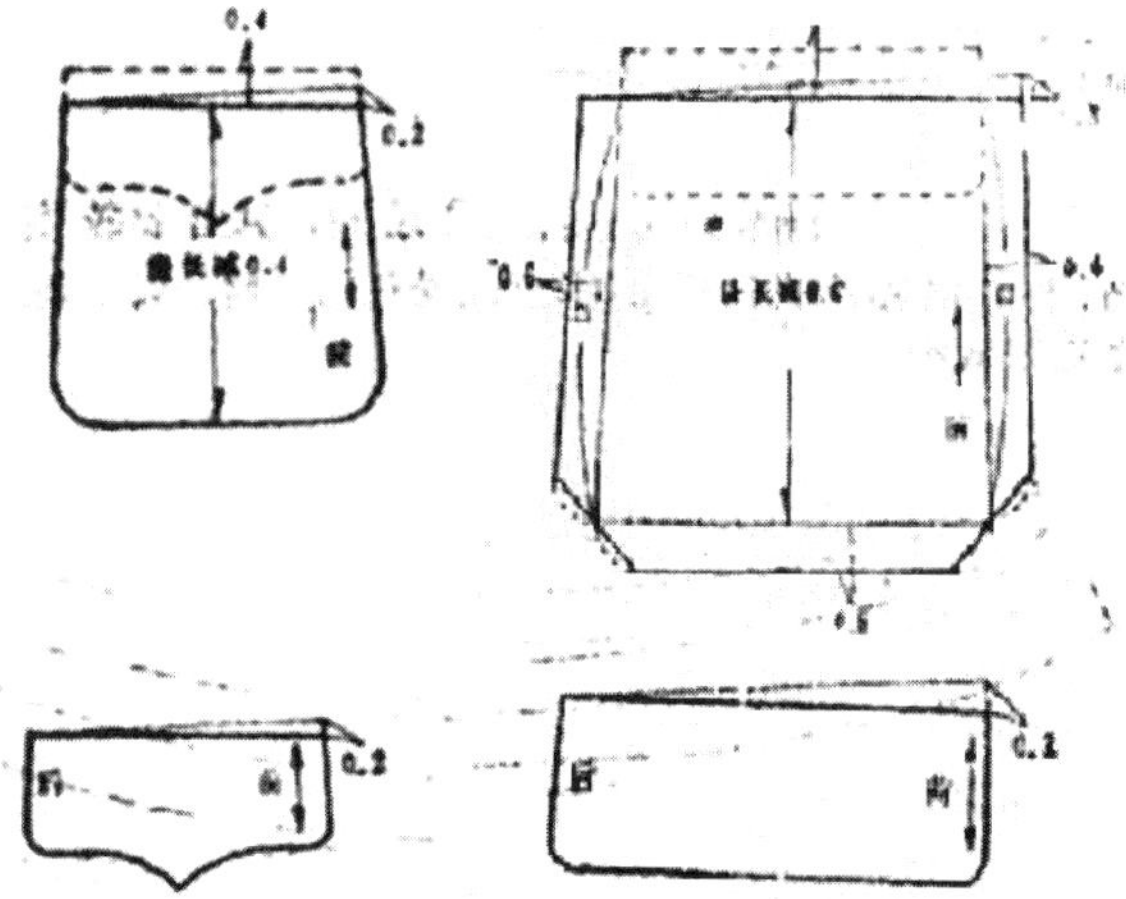

図２　中山服のポケット
（出典：周邦楨『高档男装結合設計製図』、中国紡績出版社、180頁）

た中山服は、日常気楽に着られた。その時代の最先端の服装が流行している中でも、中山服はその独特のデザインと着やすさで若者から先輩まで多くの人々に支持された。主に中年層から年配者に人気があったが、中山服が好きな若者もいたとされる[3]。

表1の中山服製図使用寸法リストは、図1の中山服原型製図の説明である。中山服の製図は実物大の6分の1の縮図であるから、製図に実寸の数字を挿入すると製図内の数字が煩雑になるため、図1の製図を作図するのに必要な個所に番号をつけている。以下に、製図作図の番号の解説を記載しながら図1を基に製図を実施する。

まず、身頃の製図は、後身頃の製図から引き始める。後背中中心の襟の付け根から⑩の後首周り寸法7・8cmを引き、⑫襟の付け根から上に2・3cm引く。⑫を立ち上げたところから直角に平行線を23・3cm引き、後肩幅が決まる。⑥の後肩の高さ4・3cmを直角に下ろして線を引き、そこの位置に⑩で後首周り寸法を測って線を引いた位置から、⑥の直角に下ろして引いた線と結ぶ。後背中中心の襟の付け根からまっすぐに下へ②の寸法26・7cmを測り、その位置に記しをする。さらに、襟の付け根から④の後丈44・０ｃｍの位置に記しをする。④の寸法の位置に記しをしたら、そこから直角に横へ平行にラインを引くとWの位置が決まる。第一製図の脇線2・0cm手前まで線を引く。脇線は背広より着丈

表１　Ａタイプ　中山服製図使用寸法リスト（単位㎝）

番号	部分	寸法	番号	部分	寸法
①	前袖深さ	25.2	⑬	前胸幅	19.7
②	後袖深さ	26.7	⑭	後背幅	20.2
③	前丈	42.5	⑮	前胸周り	34.3
④	後丈	44.0	⑯	胸はみ出し分	1.6
⑤	前肩	4.8	⑰	袖はみ出し分	5.3
⑥	後肩	4.3	⑱	袖山深さ	16.9
⑦	前肩幅	22.3	⑲	袖山カーブ	28.0
⑧	後肩幅	23.3	⑳	袖山から袖肘まで	33.0
⑨	前衿周り幅	7.6	㉑	手首周り	15.4
⑩	後衿周り幅	7.8	㉒	上衿の襟幅	3.3
⑪	前首周り深さ	8.6	㉓	ポケット	胸の袋ポケット（12.5） 前身頃下、左右ポケット（20.0）
⑫	襟周り	23.3			

中山服の製図のサイズは、中国標準Ａタイプ（身長170㎝／バスト88㎝）掲載

の２・０㎝短い丈に引くのが一般的である。上着の裾は１・５㎝重なり分を、１・３㎝出すことになる。襟の付け根から、肩幅分を正しく測ったら、その寸法の同寸の襟の付け根を測って、背筋中心同寸を測り位置する。そこから横に平行に後背幅20・２㎝を袖側に引き、⑭後背巾線は⑭で指示したように20・２㎝の幅を袖側に引く。中山服後身頃の製図の図面を参考に、肩先から袖くりにかけて線の引き方を参考に裾の脇線を引く。後の、肩幅、脇線の寸法は、後ろに前を合わせるので寸法を必ず測っておくことが必要である。後身頃の脇線で、ウエスト位置で２・０㎝身頃側に入れ、裾線で１・５㎝中に入れて脇線を引きなおす（補正する）。

次に前身頃を引く。その時背肩線を平行に背広の「１」の前身頃の製図を引き、肩線を１・５㎝移行し、上げて平行に線を

引き、上げた線のところから4・0㎝（A線とする）下ろし肩先の袖山線を⑤前肩分を4・8㎝下に位置して、そこから後肩幅寸法と同寸をA線に向かって引く。前肩線がA線に交わったところから⑨の前首周り寸法7・6㎝を測り、⑯の胸はみ出し分1・6㎝の幅をとり、まっすぐに前身頃の着丈に沿って垂直に線を引くと前身頃中心線が出来上がる。①は打ち合わせ寸法の前襟みつ線（B線とする）2・0㎝出したところから25・2㎝を前身頃中心線に垂直に下ろし記しをする。その記しから身頃側にかけて⑮の前胸周り寸法34・3㎝を平行に引く。次に前丈の半分の寸法のところから⑬の前胸巾寸法の19・7㎝を平行に採る。肩先から⑬の胸巾線を通り、⑮前胸周りの位置を通って前胸通り位置の決まった寸法の袖窯底位置から⑰の袖はみ出し分5・3㎝をとり、その位置をめざして新たにできた袖の窯底に向かって袖線を引く。袖窯底の接点から前身頃のウエストライン（WL）にかけて脇線を後身頃脇線同寸法に引き、WL線で1・0㎝身頃側に入れ、裾線で2・0㎝身頃より外に出し、脇線を後脇線寸法に合わせ、さらに引きなおす。

次に袖の製図を作図する。男子服の袖の製図は、2枚袖作図である。「中山服の原型の製図」に記載されている袖は、外線の濃い太線は外袖といい、内側で太線の囲み袖が内袖という。袖の製図作図は、袖丈寸法を引く。その袖丈寸法から袖山寸法を引いた寸法が袖の脇側寸法となる。そして⑱の袖山寸法16・9㎝を測り、袖幅の囲み製図をする。袖幅二分の一の窯底のところで3・0㎝外印をして袖丈寸法めがけて袖脇丈寸法の線を引く。前袖窯底ラインの接点から袖山の後袖山線の接点めがけて⑲の袖山カーブ線の28・0㎝の寸法を引く。内袖、外袖に袖山ラインを描くのに必要な寸法は、袖の製図に記載されている通りである。さらに外線に向かって3・0㎝外側に記しをして外袖寸法の脇線を引く。外袖、内袖の脇線は脇線の3分の2、袖山側で1・0㎝袖側に入れ脇線を引きなおす。補正することで袖のシルエットがよく見えることになる。⑲の袖山からの袖肘寸法までは、33・0㎝である。㉑の手首周り寸法は15・4㎝であり、袖口の寸法は、カフスを付けるため着用者の手首周り寸法に緩み分をいれて補正寸法を計算してから作製に至る。基本的には、手首周り寸法は15・４㎝であり、袖周りは33・０㎝である。カフスと袖口のデザイン修正は記載されている寸法通りに線を引けば袖が出来上がる。

前身頃に付いているポケット4個は（図1、中山服のポケット）製図に記載されている通りである。但し、ポケット口、蓋の寸法が細ラインで描かれている。それは縫製の時、指示している寸法を使用することで、身頃に着く位置が変わってくるということである。それは着用したときの目線が衣服を通して見えるということになる。

以上、周邦楨氏の中山服の製図を参考に、本章に作図方法を掲げた。

中山服の製図をパターン化するため、資料を調査し、塗潤華氏・徐暁紅氏[4]、周邦楨氏[5]等の中山服の製図作図に関係ある2冊の先行文献を見つけることができた。しかし、2冊とも中山服の製図の作図は、いつの時代に制作された中山服なのか、明記されていない。周邦楨氏による中山服の作図は、一般公開された出版日が塗潤華氏・徐暁紅氏[6]より現代に近い出版日であり、わかりやすいので周邦楨氏[7]の中山服の作図を論中に記載した。塗潤華氏・徐暁紅氏の中山服の文献出版は１９８８年であり、周邦楨氏は２００３年である。

一般的に、どのような衣服を着用してもいえることであるが、ボディーを見て一番目にひく部分は襟である。中山服の襟のデザインは重要であり、製図も緻密さが要求されると言える。衣服の襟まわりにゆとりのある服を着用した場合、着心地がよく楽である。しかし、襟まわりが狭すぎると首筋が窮屈で着用感は快適ではない。それらのことを考慮して、襟の寸法の変化は、襟もとの上下の関係、襟のデザイン、首周りと襟全体と首周りの前部と後部の関係について塗潤華氏・徐暁紅氏は以下のように解説している。

人間の首筋は下が太く、上が細く前に傾斜する円柱体と見てもいい。それで、襟の形は前部が湾曲で、後部が比較的平らで、下部が広く、上部が狭い。服を作製する時は、襟のカットピースは前が狭くて低いし、後が広くて高いような形になっている。人体から観察すれば、首筋を三つの部分に分けることがわかる。首筋の上部、中部、下部周りの処理の仕方で肩に沿った良い襟が出来上がる。ゆえに、襟のカットピースの下部は上に延びるアーチ型になっている。これによって、襟のカットピースの下部の長さは上部の長さより長いのである[8]。

これらのことを参考に中山服の襟の寸法を拡大・縮小したい場合は、襟のカットピースの中心線を移動すればよいのである。襟のアーチ型の半径は、寸法の拡大、縮小の影響は受けない。そして実際には、襟のカットピースの下部が上部よりどのくらい長ければ良いのか、今までは実際に作製経験でこの問題の答えを出すしかなかった。作製経験から言えることは、襟のカットピースの下部が上部より１㎝長いなら、襟の寸法に影響はない。襟のすわりを良くするため、男子服の襟の作製には鋳型を利用する。もし鋳型の補正処理の器具が手に入らなかったら、まくら型のドーナツ盤を使って襟の作製をすることができる。それによって下部と服の襟が密接な関係に出来上がる。襟は下部が広く上部が狭い形をしているので、どの服の襟の上部の周りも襟の寸法より２～３㎝短い。襟のカットピースは服を縫ってつなげるとき、襟元は首筋と肩に沿わなければならない。中山服の襟元の計算は、襟元上部の周りの長さを、下部より２・４㎝短くなることが妥当である。ゆえに、襟のカットピースを服に縫ってつなげるとき、アーチ型の襟元を伸ばさなければならない。襟の前部が湾曲で、後部が比較的に平らで、下部が広く、上部が狭い形から、襟の寸法の計算をする。

襟元の寸法が変化するにつれて、襟元の前部と後部の寸法も規律的に変化している。

標準体形の中山服を作製する場合、襟の後部は前部より左・右各0・9㎝ずつ長くする[9]。いつも胸を張って着る中山服を作る場合、襟の前部の長さを少し増やし、後部を少し短くする。猫背ぎみの人は、中山服を作製する場合、それと逆の方向で作らなければならない。

以上、襟のついた衣服を作製する時の大切な着目点を述べてきたが、さらに重厚な雰囲気を漂わせる衣服を作製する場合は、肩と襟繰りのバランスを考えて作製することが大切と言える。そして中山服作製の時、前身頃と肩幅に貼る背芯の貼り方は、縫製において重要なことである。また、洋服の生地の裏側に貼る芯の貼り方の技術もとても大切な作業であり、それによって、その服装のシルエットの良さと、着用時の衣服の重みがはっきりと表れる。さらに、肩に1・0～1・5㎝の厚さのパッドを洋服地と裏地の間の肩に挿入することで、ゆったりとした着用感のあるシルエットが表れる。このような方法で作製することで、中山服を着用したボディーは重厚な特徴が表れてくる。

第2節●中山服誕生に関わったとされる衣服の製図とデザインの分析

1　衣服の作成に関わる知識

衣服の役割は、それを着用したとき、その人を引き立たせ、美しく見せるとともに社会的立場や個々の人柄を表現することにある。日常生活の色々な場面でその場にふさわしい装いをすることは、礼儀正しい、自己表現をするという意味合いからも大切なことである。中山服の過程を調べていくうちに、孫文は、美観や便利さなどを意識して中山服の考案に関わったのではないかと推察するにいたった。それらに関わる衣服のデザインの特徴をパターン化し、考察することで中国服飾史における中山服の役割や内容が見えてくる。また中山服は、出来上がった衣服をただ眺めているよりも、着用したときや実用性としてその着心地の良さが実感できるのである。それが中山服の特徴でもある。

着やすい衣服を製作するには、洋服作りの工程を正確にふみ、完成させることが重要である。それには、まず素材選びから始まり、選んだ素材の生地がどんなデザインにふさわしいのかを決め、それによってパターン化し、裁断に取り掛かることである。裁断は洋服作りの中で最も緻密さを要求される部分である。与えられた生地の縦地を通すことで布目が決まり、布目を通して裁断する必要があるからである。裁断の時、縦地を通すことで縫製は楽にでき、きれいに仕上がる。また、縦地の布目を通すことで、出来上がった洋服を着用したときのシルエットは、とてもきれいに見える。

衣服のパターンを起こすのは、デザインに基づいて立体の形をイメージしながらパターンを描く平面作図と、人体に直接布を当てて裁断し、パターン作製する立体裁断の方法がある。どちらも目線を縦地に合わせることが、衣服の作製の最も重要なポイントである。背広は平面作図（胸巾、胸周りサイズを中心に製図する）、中山服は立体裁断（肩幅、背肩幅のサイズを中心に考え作製する。衣服の表地を直接ボディーにあてがいボディーに合わせて裁断していく）の方法でパターンメーキングすることで良い洋服作りになる。仕上がった作品の個々のシルエットは、ほぼ同じであるが、着用感は着用時の行動によって異なる。パターンメーキングの際、着用の用途に合わせて運動量を調節することが求められる。

２「背広」の製図と分析

（1）背広について

アヘン戦争後、中国では西洋の文化が急激に入り始め、中国の服飾社会でも当然のことながら中国式服装から西洋式服装に変わり始め、背広を着用する人々が多くなった。写真1は、１９１０年頃の孫文の背広姿である。ただ、背広の着用者が増えたとはいえ、着用する人は主に政府の官僚、革命者、大都市の知識層等であった。

しかしながら、時代のニーズに合わせて新しい服装だけが中国の服飾社会に定着したわけではない。中国伝統衣裳の長袍や長衫は、当時の庶民の生活から離れず、１９５０年代中頃まで男子の伝統服装は中国の服飾社会で愛用され続けた。また、その当時は、限られた人たちだけが背広を着用していたので、背広のデザインの種類は多くなかった。欧米の影響を受け、礼服の背広の種類は多く存在したが、一般的用途のデザインは限られていた。

写真１　孫文の背広姿
（出典：1910年頃、孫文の背広着用状況
中国南京総統府にて筆者撮影）

背広を作図するには、まず男子服の基本製図を作図する事が必要である。元パターン（男子服の原型）がしっかりできているかどうかで、衣服の仕上がりの良し悪しが決まってくるのである。

表２　「紳士服上着原型作成標準寸法」単位（cm）

大きさ	胸囲（B）	腹囲（W）	腰囲（H）	背丈	上着着丈	袖丈
小	88	76	90	38	68	55
中	92	80	94	40	70	56
大	96	86	99	42	73	58

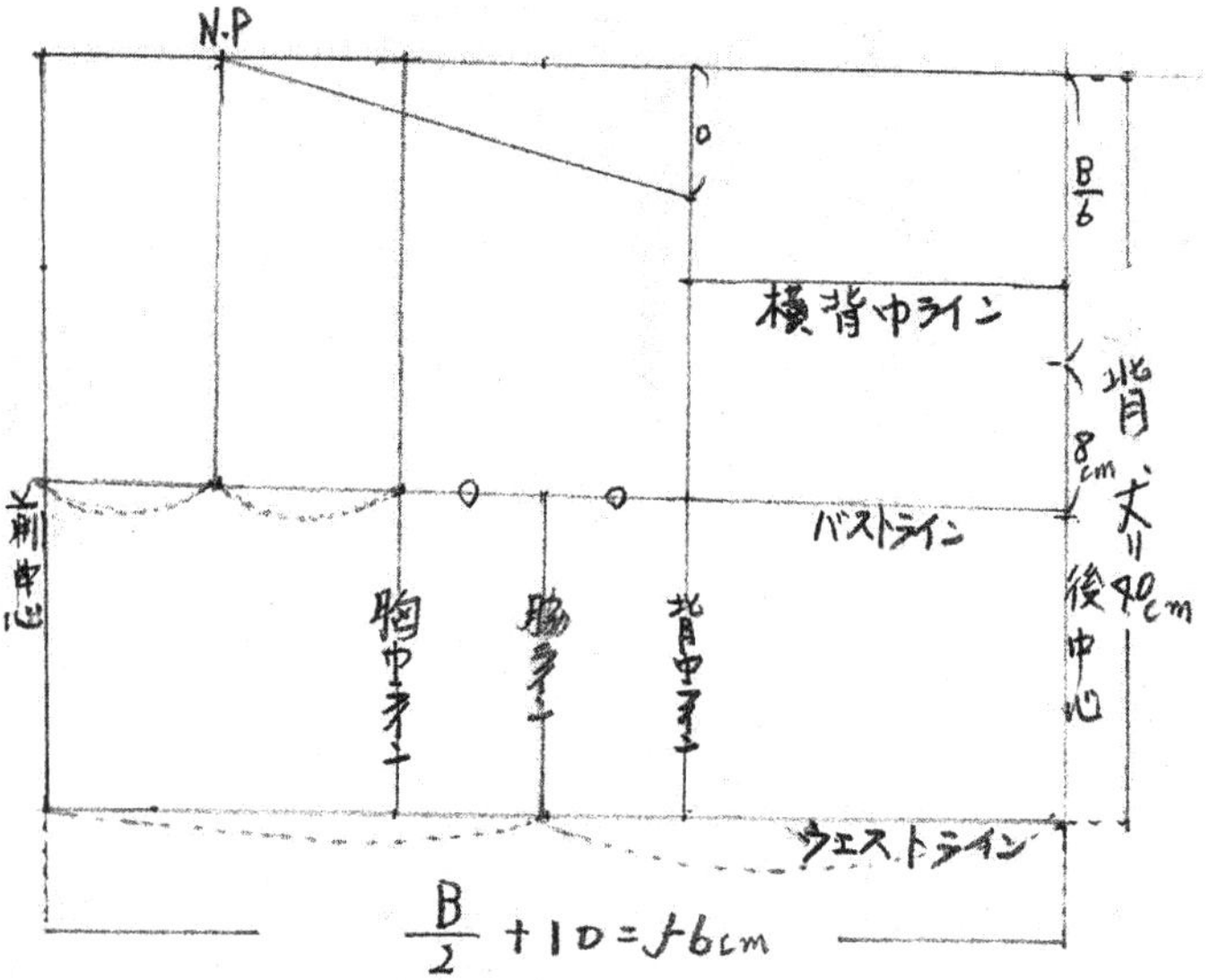

図３　男子服基本製図
（筆者作成（文化服装学院編『服飾造形の基礎』27 頁参考）

（２）男子服の原型と製図

製図は、採寸した寸法を平面図に描いて衣服の型紙を作る工程である。表２は、男子服の製図に必要な基本寸法のリストである。今回の男子服基本製図の作製サイズは、中型タイプを使用している。

男子服基本製図解説：原型は立体的な人体の製図を平面図に展開したもので、わかり易い製図である。婦人服のようにさまざまな視点から配慮して製図するのではなく、男子服（紳士服）の基本製図（図３）は限られた元パターンである。男子服の上着はＢ（バスト）、背丈の寸法が基本になって原型が出来上がる。この作図方法は、万国共通に等しい作図である。国柄によって体格は違うので、胸囲と背丈が基本になって補正し、ユーザーの必要とする寸法を基本製図に挿入し、原型を作成する。そして、３項に掲げている背広原型作図１、２、３の製図の順を追って、注文者のデザインに合わせて製図を起こしていく。３項に掲げている作図の寸法は、「実物大６分の１の縮図」である。

３　当時の背広製図

（１）背広原型作図１

まず、男子服基本製図図３をベースに引き、基本原型のＷＬ（ウエストライン）を２・０cm下に下げて、引きなおす（中国人は西洋人に比べて腰が高いのでウエストラインは２・０cm上げる。日本人は腰の位置が低いので、腰の位置を決めるのは原型線のＷＬから２・０ｃｍ下げ引きなおす）。

ＷＬから着丈寸法の２分の１を測り、背巾線の延長線まで横に水平線を描き、ＨＬ（ヒップライン）とする。

背丈線上で基礎線から２・５ｃｍ裾まで基礎線と平行に直線を描き、襟蜜から背筋線のＷＬにかけて後肩幅同寸を直線に引き、そこからカーブ尺の丸みを使用して背筋線を頭に描きながら丸み線を引き、ＷＬ

背広原型作図１（筆者作成）

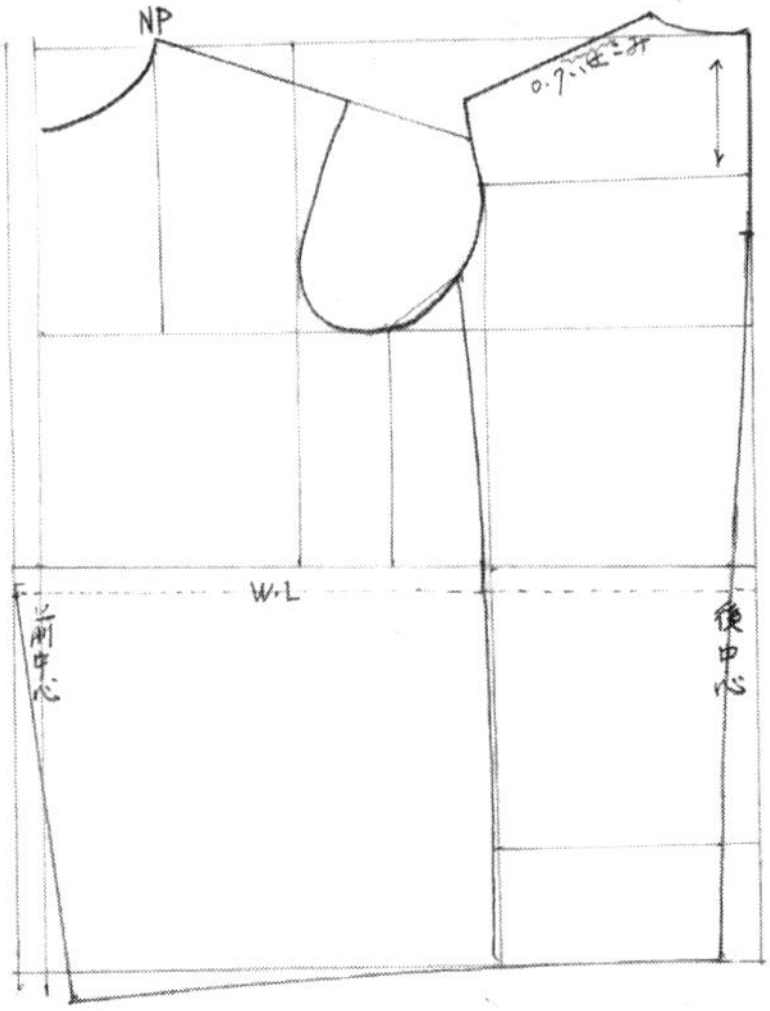

にかけてへこみラインを引く。ＷＬから裾中心線にかけて２・５cm入ったところまで背筋線を体形にあわせて背中心を引く。これが後背中心切換え線である。

前身頃の製図は、前中心より２・０cm打ち合わせ線に平行に寸法を出し、垂直に着丈まで線を引く。前後の肩線の処理であるが、肩線の後ろ肩幅線にいせこみ分をプラスして後肩を引く。前の肩巾は後肩幅から、いせこみ分を引いた寸法を引く。縫製の時に、後肩幅にいせこみ分を処理してから、襟と袖のカーブは図のように引く。

（２）背広原型作図２

ＮＰ（ネックポイント）から襟くりに沿って２・０ｃｍ下げ、襟腰寸法を立てる位置とする。襟腰寸法２・５cmを測り、ラベル止まりと結ぶ直線を引いて、下襟の折り返し線とする。下襟巾６・５cm～７・０cmをラベル線に直角に測って、下襟の仕上げ線をカーブ尺の内側を使用し描く。下襟巾は着用者の年齢やタイプ、布地の風合いに合わせて決める。

前端の直線の中央で０・４cmカーブさせて、ラベル線から前端および裾の仕上げ線を充分注意して描く。前端線は男子服の限られたアウトライン（打ち合わせ寸法）で、最も意匠的な面の表れるところでもある。また、製作者の繊細な感覚面の表れるところでもある。年齢、デザイン、布地などの総合的なことを考慮してラインを描くことが大切である。背丈線上で１・２cm測り、裾とＢＬ（バストストライン）に直線で結ぶ案

背広原型作図２（筆者作成）

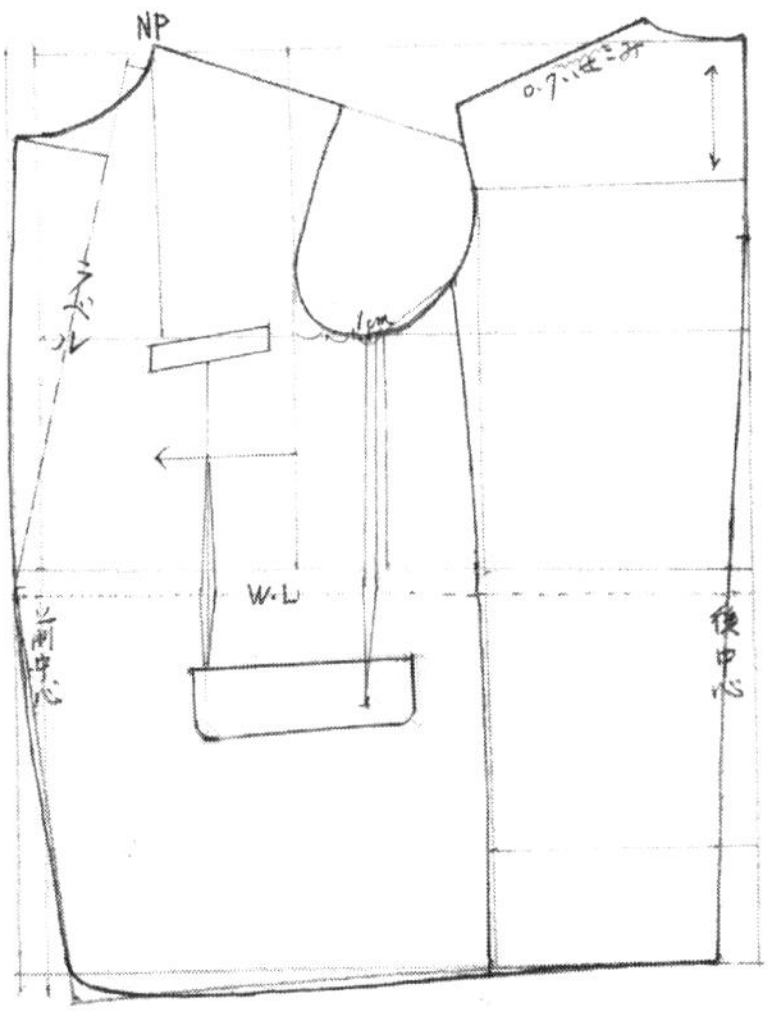

背広原型作図３（筆者作成）

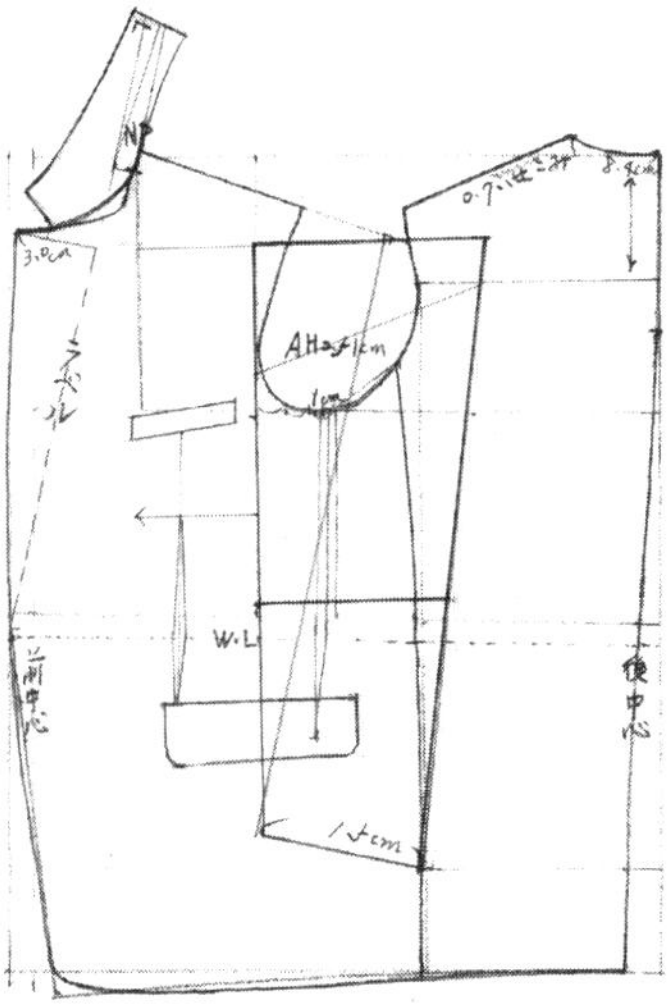

内線からカーブ尺を使ってややカーブした前身頃の脇線の仕上げ線を描き、ラベル線の第1ボタンと第2ボタンの位置を決める。ポケットは左前上に箱ポケット（2・5cm×12・0cm）を挿入、前身頃の腰の周辺に蓋つきポケット（寸法は好みと素材で決まるが、一般的には蓋は4・5cm×13・0cm）を左右につける。ポケットの制作は裏打ちをしっかりしないと、物を入れることが多いのでそのことを意識する必要がある。縫製の時、芯張りをしっかり作成することで、背広が製品になった時の重要なポイントとなる。

（3）背広原型作図３

背広原型作図3は、背広製図作図の身頃の完成図である。以下に襟の解説を掲げる。

襟：ラベル線（テーラーカラーの折り返し線）を延長して、襟みつ寸法に2・0cm加えた寸法を襟越し寸法を決めた位置から測り、ラベル線の延長から1・0cm倒し分を求めて直角に結び、襟越し寸法に0・7cm加えた上襟巾の線を描く。襟越し分を決めた襟腰線に襟腰を立てた位置と平行に結ぶ。下襟の角から3・0cmはいり、上襟側に2・5cmを直角に測って記し、上襟巾と弱い曲線で結ぶ。

（4）背広の2枚袖製図

袖：AH（アームホール）寸法は袖廻り全体を測り、袖製図の基準とした。身頃製図のBL、横背巾、胸巾線を写し、袖付け合印を袖側に移行した基礎線を描く。BLからAH寸法の3分の1を横背巾線と平行に袖山線とする。袖付け合印から2分の1のAHは、1・0cmの寸法横背巾線と合致させて袖山線まで直上し、直角に結ぶ。

背広の原型　2枚袖

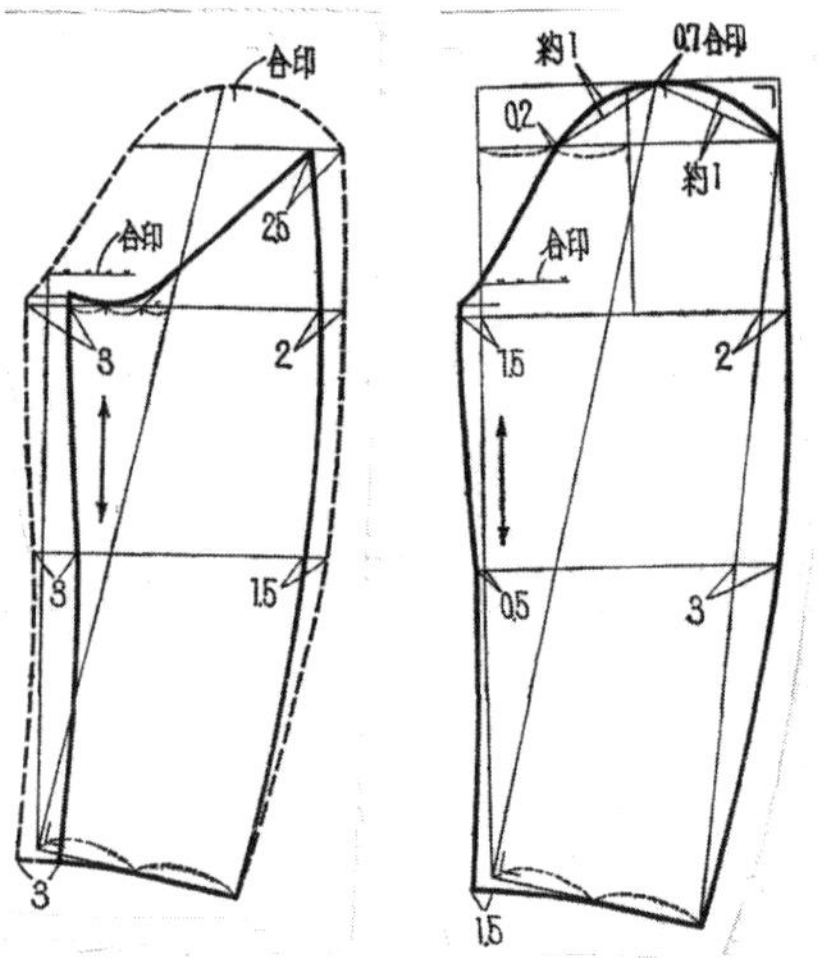

2枚袖：横背巾線から2等分した位置から0・2cmを測り、袖付け合印と結ぶ直線と袖山線と結ぶ斜線を描き、さらに横背巾線まで斜線を描いて各1・0cmを記して図に示す袖山の曲線を描き上げる。BLで1・5cm、肘線で0・5cm、袖口で1・5cmを胸巾線から測り、カーブ尺線を使って仕上げ線を描く。袖口と横背巾線を結ぶ斜線から、BLで2・0cm、肘線で3・0cmを測り、袖口を2等分して仕上げ線の目標として袖山の輪郭を描く。袖口は、図のように等分して描く。

（５）背広と中山服の比較

背広の型紙の製作は、男子服の基本製図（図２）をベースにし、目的のデザインに合わせて作図する。その方法は現在でも変わらない。中山服の型紙の作成も男子服の基本製図を使用している。そして背広も中山服も「背広原型作図１」を同様に作図している。背広はスリムなシルエットを理想として、中山服は活動着としてゆとりあるシルエットを想定して型紙を作成しているといえる。テーラードカラーの背広の着用は、胸を張って着ると体にフィットする。

背広の基本的な型紙は、胸囲を中心として作成し、中山服は背幅を意識して型紙を作成する。中山服は肩で着ることになるので、肩幅の廻し寸法、首周りのゆとり分を考慮し、中山服の作図をする時は、運動量のゆとり分をまんべんなく製図の中に振り分け、挿入することで着やすい服装となる。

背広のポケットのデザインは、上品であまり目立たない箱ポケットや蓋付き玉縁ポケットをデザインに使用しているが、中山服は実用性を考えて蓋付きアウトポケットといった着用時に小物を多く入れられるデザインを採用している。

中山服は、先に述べたが背広が原型であるという説がある。筆者は２０１０年に浙江省寧波の寧波服飾博物館を訪れ、そのことを同館の夏岐泓氏に尋ねた。彼からは、「中山服の原型は背広である」と即座に答えが返ってきた。展示場には民国初期から、上海の「紅幇裁縫店」で製作された背広の多くが展示されていた。それと共に中山服の展示も多く、「中山服の原型は背広である」という解説が掲げられていた。事実はどうなのか。今回筆者は、男子服の基本原型（図２）を作図し、それをベースに背広の型紙の製作を３段階に分けて作図した。男子服の元パターンを計算して製図を立ち上げ、それがベースとなり、背広の製図の展開がスムーズに進み、完成にたどり着いた。結果、背広と中山服は、それぞれのシルエットに合わせて作図するので、出来上がった型紙は異なったものとなる。

現在日本で紳士服に携わっているパタンナー（型紙の作成者）に上記のことを問い合わせたところ、男子服の元パターンは、ここ150年程、変わらぬ男子の元パターンを使用していることが確認できた。夏氏の語った「中山服の原型は背広である」という真偽は、型紙を作成しなければ明らかにできないことである。実際に男子服は、ほとんど男子服の元パターンが基本になるので、当然男子の作図を考える際、背広原型作図1と同じ製図の立ち上げから型紙を作成することになる。しかし、型紙を作成しようとしている男子服の服装によってそれぞれシルエットは違うので、そのシルエットに合わせた肩幅、胸巾、ウエストなどの寸法を挿入することによって作図も違ってくる。背広と中山服はどちらも西洋式の上着であり、型紙の作成は元パターンの作図後、背広は胸巾を重視して製図し、中山服は肩幅を重視して製図することが基本製図のひき方である。

基本製図をひいた後、背広は胸巾を中心に作図し、中山服は肩幅を重視して作図する。その後の過程も異なり、背広は紙面上で型紙を作成するのに対し、中山服は直接着用者のボディーに布を当て、最後にボディー上の肩に肩パットを当てがい肩パットの厚み分（体系によって肩パットの厚み分は異なるが、一般的には1・5cm程）も挿入し、立体裁断を行ない、縫製にかけるのが一般的である。

清朝末期から民国期にかけて、中国に背広を代表とする西洋式服装が入ってきた。それまでの中国人の服装は、丈の長い伝統衣裳であった。丈の短い上着である中山服は、広い意味で背広に似た西洋式服装と捉えられ、「中山服の原型は背広である」といわれていると推測する。しかし上記で述べたように、背広は胸巾を中心に型紙を作成するのに対し、中山服は背幅を意識してゆとり分を入れて立体裁断で製作するので、「中山服の原型は背広である」とは、一概には言い難い。孫文が理想とするデザインの服装は背広であるのか否かそのことはとても重要なことである。

4　学生服の製図分析

（1）明治時代の学生服について

孫文は1895年、広東省恵州で最初の武装蜂起に失敗して日本に亡命した。日本に滞在中、孫文は学生服が好きで、日本の学生服を着ていたと安毓英氏・金庚荣氏は『中国現代服装史』に記載している[10]。本節では、その日本の学生服がどんな学生服であったのか、また中山服製作にあたり、日本の学生服を参考にして採り入れたのか否かを考察したい。

日本の学生服の起源について、『学ぶスタイルの変遷』では次のように解説している。明治19年において、唯一の大学だった東京帝国大学では、初めて制服が採用された。それは、金ボタン式詰襟のデザインで、黒色のギャバの毛素材といったものであった。写真2によると江戸時代の漢籍偏重の古典教養主義教育を近代教育に推進、奨励し、当時一般的だった和服ではなく洋装を採用した。一般大衆と区別される選良性、風貌の端厳（引き締まった顔と態度）、帰属性（国と大学への帰属意識）、兵式体操、行軍旅行（徒歩による規律正しい集団連泊旅行）、洋式寄宿舎で寝起きする必要性から、当時は機能性と見栄えに優れているとされていた陸軍制服を手本に採用されたと、日本の制服について記載の制服について記載している[11]。

中山服創作に言及する時、孫文が着用した学生衣服は、東京帝国大学の学生服であったのか。筆者が調べた中では、胡波氏の『中山装』に「当時、孫文が好んでよく着用していた学生服は、東京大学の学生服である」と記載されているだけで、その他の中国の文献では、「日本の学生服」と記載されているのみである。孫文の来日期間は、1895年から1925年までである。この間に計16回、約6年間滞在している。

１８９７年に京都帝国大学が創立されている。孫文が京都帝国大学の学生服を着用したのかどうか、資料や中山服に関する文献は見つからなかった。しかし胡波氏の「中山装」に、孫文が着ていた学生服は、東京帝国大学であるとの記載があることから、孫文が着用したという学生服は東京帝国大学の学生服だった可能性は否定できない。

図４は、当時を代表する東京帝国大学の学生服である。１８８６年（明治19）年東京帝国大学学生服の実物は、現在の東京大学総合図書館にあるという情報を得て、問い合わせた。しかし実物はなく、写真が同館に保存されているのみであった。先にも述べたが、京都帝国大学創立は、１８９７年（明治30）であり、大学の学生服は創立と共に発足した。（図５）

図４　明治 19 年（1886）東京帝国大学の学生服（図は筆者作成）

図５　明治 30 年 (1897) 京都帝国大学の学生服（図は筆者作成）

岡山県岡山市八浜の（株）トンボの学生服開発本部の展示担当小桐登氏が、東京帝国大学の学生服の復刻版を作成したということを聞き、トンボ学生服へ調査に出向き、黒色の毛素材で作られた東京帝国大学の学生服に出会った[12]。それが写真２である。

東京帝国大学学生服の作製時の生地は、オランダ、イギリスからウール素材が輸入され製作された[13]。

日本の学生服は昔も今も全体にゆったりとした寸法であり、活動的な衣服に出来あがっている。図

写真３　清末頃、日本に留学した中国留学生学生服
（出典：袁仄主編『中国服飾史』、中国紡績出版 2005、141 頁）

写真２　東京帝国大学学生服と当時の日本の社会状況（出典：(株) トンボ『学ぶスタイルの変遷』1886 年（明治 19 年）、２頁）

4の東京帝国大学の学生服と図5の京都帝国大学の学生服とを比較してみると、見ためは変わらない。しかし、前中心の打ち合わせを見ると、東京帝国大学の学生服は2・0㎝の打ち合わせに金ボタンが付いているが、京都帝国大学の学生服は前中心が比翼仕立てで、ボタンが表身頃と見返しの間についている。ポケットのデザインも異なり、東京帝国大学の学生服は3個の箱ポケット付き、京都帝国大学の学生服は、1つの箱ポケットに2個の変形玉縁ポケット付きである。

なお、写真3の中国人の学生服には、胸ポケットにペン挿しが付いている。これは、便利さを取り入れたデザインの部分であり、中山服も取り入れている。日中共に学生服の襟は立ち襟であり、中山服の創作時の襟は、詰襟で日本の学生服からの影響を受けたと思われる。以後、中山服の襟のデザイン変遷は、日本の軍服の折れ襟（台付きシャツ・カラー）を挿入して製作されている。

（２）学生服型紙とその分析

学生服の製図は、男子服の基本製図（図６）に中山服と同じ過程で立体裁断にて型紙の製作をする。それは、学生服に必要なデザインの寸法を確認し、学生服作製のためのボディーへのゆとり分を製図全体に寸法を振り分け型紙を製作することで学生服の型紙が出来上がる。

　学生服は詰襟であるから首回りに緩み分をプラスして、ネック周りの肩線を上にあげ、自由に首が回るゆとり分を設計する。身頃の緩み分は背広とほとんど変わらない。しかし、背広は着用したときのシルエットを美しく見せるためウエストラインの脇線で身頃側に脇線を１・５cm左右前後入れることが多い。前後の脇線の切り替線は学生服の場合は切り替える制服もあるし、前後の脇線の脇下のところでダーツを取り、腰のポケットのところでダーツ処理していく場合もある。最近の学生服は脇線で切り替えている。後中心は背丈中心の着丈寸法に向かって後中心から裾線３・０cmを脇側の中に入れ、後背丈中心を切替える。

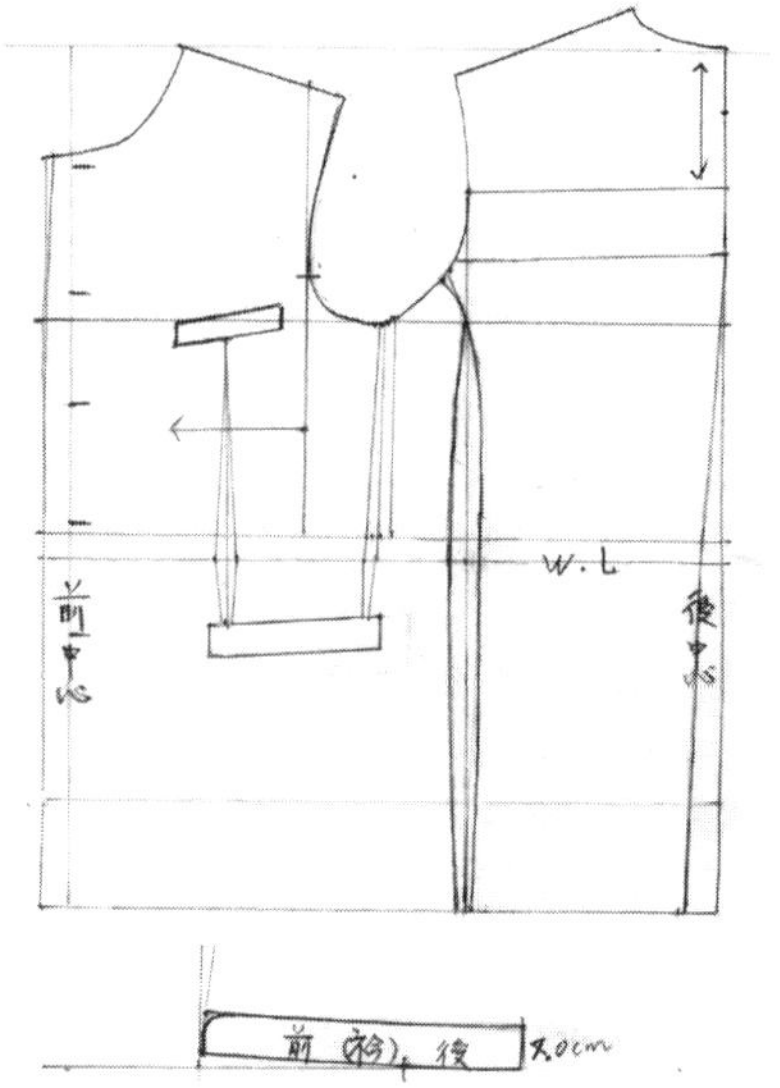

図６　学生服製図（筆者作成）

　前身頃左右の腰あたりにポケットを付けるので前身頃前面に芯を張る。学生服は運動量を必要とするので、後肩幅を２cm位平行に出す。そして１・０～１・５cmのパッドを肩に入れることで着服したときのシルエットが豊かに見え、姿勢がよく見える。

　学生服の袖の製図は、背広の原型の延長で作図すると便利であるが、肩幅を平行に出した分（２・０cm位）だけ、後の袖山寸法が変わってくるため当然アームホールの山の丸み線が変わってくる。袖山中心で前後1・0cm程開いて挿入する（袖山寸法は、2・0cm増えることになる）。運動量を多く必要とする衣服は、立体裁断が適切である。中山服も同様に立体裁断である。

（3）学生服と中山服創作デザインの関わり

図6の学生服の製図は、（株）トンボ本社に展示してある復刻版を参考に、東京帝国大学の学生服のデザインの一部分を考察して作図した。1940年（昭和15）頃の学生服を参考に製図を起こし考察した。着用者が運動しやすいように、学生服は中山服と同じ立体裁断（肩と背幅）でパターンメーキングを採用している。そうすることで着心地の良い洋服が出来上がる。ただし中山服の袖周りは運動量を考えて、背広の袖の原型より1・2cm袖周りを多くとることが着心地の良い衣服となる。学生服の多くは若者が着用するので、中山服よりも少し袖周りを細く製図することで、全体像がよりスリムに見える。

写真4　20世紀初代の改良旗袍
（出展：廖軍・許星『中国服飾百年』上海文化出版社、2009年、99頁。）

なお、学生服の特徴である詰襟は、もともとヨーロッパの軍人や官僚の制服に多く見られる立ち襟の形である[14]。満州族の旗袍（チーパオ）のぴったりした形とは違う衿くりの形である。旗袍のチャイナカラーは、写真4に提示している頸部の保護ないし保温面で優れている。中山服の最初のデザインの襟は企領文装と同じゆったりした立ち襟である。第1章でも述べたように、南京市中山陵の展示に孫文が企領文装や日本の学生服を着用している写真資料が掲載されていた。したがって孫文が企領文装を着用していた事実はある[15]。そのような写真をみる限りでは、企領文装のゆったりした襟のデザインをも採り入れたのではないかと考えられる。

明治時代の学生服と、現在の学生服の間のデザインの変化は、以下のようである。襟幅については、東京帝国大学の学生服が4・0㎝、1965年（昭和40）の学生服が3・0㎝、1990年代になると3・0～3・5㎝に変わる。後述するように、時代別にみると、中山服と孫文が好んで着た頃の学生服の襟と中山服の創作当時の襟とは立ち襟のデザインは同じであった。日本の学生服の詰襟は、中山服創作のデザインに取り入れられたということが製図で実証されたことになる。

第3節●中華民国成立以後の中山服のデザインの変遷

表3に掲げた年代別のデザインの変遷を見てもわかるように、中山服は重厚な感じが出ることによって肩で着るという雰囲気になる。そして、襟とポケットに特徴をあらわしている衣服である。中山服の創作の発端は、第1章でも述べたように、横浜で紅幇裁縫店を経営した寧波出身の紅幇裁縫の張方誠が創作し1905年、孫文に手渡した。また、その紅幇裁縫たちは、孫文の革命の支持者にもなったとされる。

第1章の中山服の誕生でも述べているように、今日の基本型となった中山服は、男子服基本製図を基本原型とし、中山服のシルエットにふさわしい寸法を挿入して立体裁断で製作された。さらに中山服は、前身頃中心に5つのボタン、後中心背縫い、折れ襟（台付きシャツカラー）、前身頃に4つの蓋付きアウトポケッ

表３　年代別中山服のデザイン変遷

	1950年 上海服装商店製作	1983年 春暉服装商店製作	2009年 紅都服装店製作
商標プレート			
着用者	上海工業大学の講師をしていた張が大学の講義の時や、公の場でよく着用した。	青島出身の男性が、上海大学卒業式に着用するために注文した中山服。	中華人民共和国建国 60 周年記念祝典の時、胡錦濤主席が着服した中山服と同じデザインの既製服。
素材	ウール・綿（夏用）	ラシャ	ウールツイール
色	藍色	紺色	濃い灰色
着丈	75.0cm	76.5cm	76.0cm
胸囲	109.5cm	118.0cm	114.0cm
背巾	49.0cm	49.0cm	50.0cm
後中心接ぎ	なし	なし	あり
袖丈	58.0cm	65.0ｃｍ	67.0cm
上衿の製図	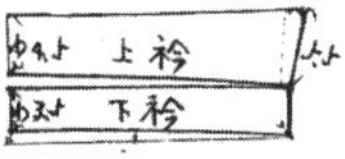		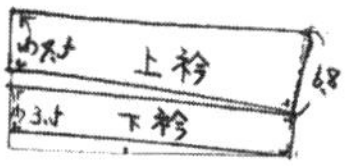

トなどを作図し、袖口には３つのボタンが付けられた。中山服の制作は全て上海紅幇裁縫たちの手で行われ、現在までも中国の服飾社会に存続している。

民国時代に中山服デザインの基本型ができてから現在まで、中山服のデザインはほとんど変わっていないことになる。ただ表３の一番下に時代別の襟のデザインを掲載したが、下襟の襟幅が変わり上襟の大きさも変わっている。それは「紅都服装店」の蔡雷發氏が、今日の注文者の襟は、注文者の顔の大きさで決まると述べている。近年、後身頃中心は切り替え（後中心スリット）となる。そのことは現物で明らかになった。生地の素材は、現在に近くなるほど良くなっている。色は、民国時代とあまり変わらないが、現在、着用者は時代の流行に合わせて注文している。

筆者は２００９年に北京の東交民巷の

「紅都服装店」を訪ね、中山服のデザイン変遷について尋ねた。同店技術担当の蔡氏は、以下のように語ってくれた。

中山服の原型は今日まで変わらず、ボディーに中山服製作の布をあてがい、立体裁断で製作している。民国時代の中山服は全部注文服であった。中華人民共和国成立後、需要が増えて注文服では対応できなくなり、既製品が作られるようになった。改革開放までは中山服の注文服も既製品も、政府官僚、共産党の幹部、大学の教授など限られた人たちしか購入することができなかった。そして海外出張や、礼服が必要なときは、職場の部長クラスの紹介状が必要であった。そのような購入状況が続いた中山服であったが、1983年～1984年の頃には、庶民も自由に購入することができるようになった。中山服のデザインは現在も変わらない。主に中山服は民国時代からほとんどが注文制であるから作成はまず注文者の寸法を採り、パターンナーが頭に描いている背広の上着を基に、注文者が決めた生地に、注文者のボディーに当て、直接手書きで製図を描いた。布の上に描いた注文者の中山服の製図に縫い代を付け裁断をし、仮縫いをする。現在の手法も、立体裁断であり、デザインは民国末期と変わらず、折れ襟（台付きシャツカラー）、前中心7つのボタン（現在は青年服）か5つのボタンで注文を受けているので、客はどちらかを注文する。前身頃に4つのポケット（前身頃上左右に逆山山路型ポケットマチ付き貼り付けポケット、左胸がポケットにペン挿しコーナー付き、下左右にあま蓋付きマチ付き貼り付けポケット）、袖口に小粒の3つのボタンがついて制作されている。中華人民共和国成立後は注文者の顔の大きさに合わせて上襟の大きさを変えている。

これらのことはデザインの変遷として図7に掲載。改革開放後、中山服のデザインの変化はないといって

中山服の内側ポケット

図７　年代別の中山服

も目に見えないところで、着心地の良いデザインを徐々に制作している。更に蔡氏は、付け加えた。

毛沢東の中山服の注文の時は、公の席で手を挙げることが多かったので、袖下と脇下にマチをれ活動しやすい服に仕立てた。２００９年10月、胡錦濤が建国60周年に中山服を着用したときから後中心の切り替え、前身頃のプリンセスラインを採用、重々しいシルエットをスリムな中山服のイメージにきり替えた[17]。

蔡氏の話は、中山服のデザインの変遷及び製作過程を知る重要な内容ではあったが、筆者が推定したものと基本のパターン作りの過程は少し違っていたが背広のパターンを思い浮かべて筆者も上着作りに心掛けている。さらに中国南京市の「李順昌服飾有限公司」の李漢斌氏からも、中山服のデザインの変遷を聞くことができた。

李順昌服飾店は１９０４年から上海にて「紅幇裁縫店」を開業し、「西服」や中山服を制作した。中華人民共和国の成立後の翌年、1950年に南京へ転居した。民国時代の中山服は、李順昌服装店においては、ほとんど国民党幹部の注文で、庶民は注文しなかった。しかし改革開放以後は、庶民も中山服を買うようになった。民国初期、中山服の基本型（前ボタン5つ、4つのポケット、折れ襟（台付きシャツカラー）が定まってから今日まで、表面上のデザインの変化はない[18]。

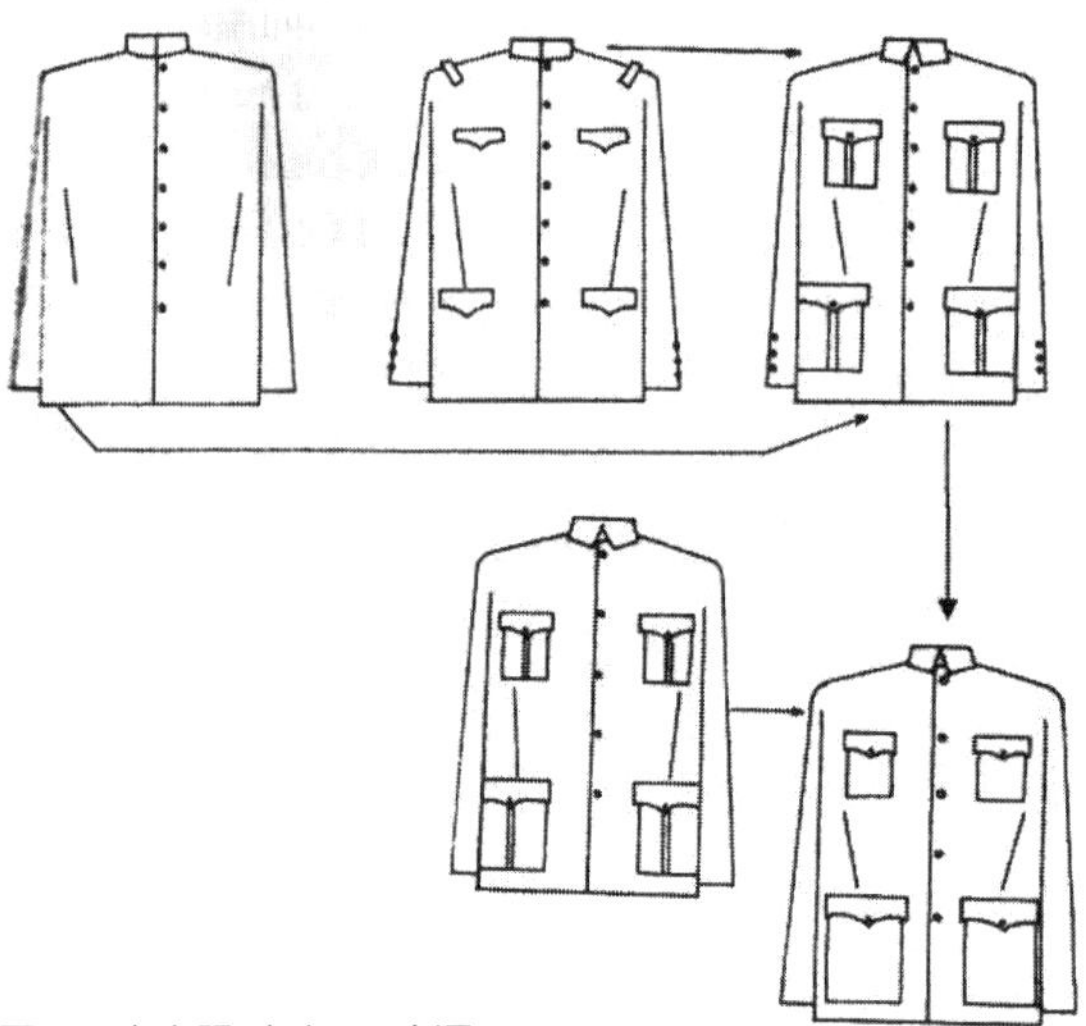

図8　中山服デザイン変遷
（出典：安毓英・金庚栄『中国現代服装史』、1994 年、39 頁）

先の蔡氏が語った内容と同様、中山服は民国初期から今日までも存続している男子の服装である。そこに至るまでに、紅幇裁縫たちによって孫文が理想とするデザインを挿入し何回も手を加え、前身頃、5つボタンの服装が出来上がっていったのである。『中国現代服装史』に掲載されている中山服のデザイン変遷を図8に掲げたが、その内容によると李漢斌氏が語ってくれた中山服のデザインは、中華人民共和国成立以後は変遷していないという事が立証される。前ボタンの数、ポケットの数と位置は1949年、中華人民共和国成立後、中山服を公に着用する場合は、2種類の服装があった。襟が折れ襟（台付きシャツカラー）、4つのポケット（あま蓋付きの貼り付けポケット）の「中山服」、襟は中山服と同じで、4つのポケット（あま蓋付きの隠しポケット）付きで、一重仕立ての「解放服」[19]であった。

１９７０年代、金型の職人の月給が14元であった頃、中山服の注文服の一着の値段は、１２０元～１３０元（生地1メートル30元、1着分１１０元、仕立て代11・5元～12元）であった。色は紺色、灰色が多かった。現在の中山服は、死亡したとき中山服を着せて葬送したり、次第に、結婚式、お祝いごとによく着用されるようになった。改革開放後、庶民のオーダーが増えたと李漢斌氏は語った[20]。

中国の都会では、今もなお中山服を作り続けている洋服店がかなり多くある。「紅都服装店」だけでも中国本土に20軒の支店がある。

本章において筆者は、中山服の誕生に関わったと言われている衣服の関わりを立証するため、衣服のデザインに合わせて型紙を作成し、考察と実証を試みた。それによって中山服が出現した20世紀初頭の中国では、上海などの沿岸都市を中心に背広は西洋の文化と共に広がり始めた。背広の主な素材となる毛織物は外国製の生地であった。そのため、洋服生地の大量輸入により輸入超過をまねき、深刻な経済問題にまで発展していった。そのことが排外運動の一環として中国での不当廉売に火をつけた。これが中山服誕生の背景の一つであった。これらのように中山服が時代のニーズに合わせて中国の服飾社会で求められていた服装であったという考えを得た。それゆえに、中華民国臨時大総統となった孫文がその時中山服を着用し、中山服を国民の前に出現した。その時から、中山服の存在感は見えてきたのである。そのことを鑑みに、中華人民共和国成立から現在までの中山服3着を、時代の推移に合わせて中山服のデザインの変遷を「表3」にまとめた。

中山服誕生に関わる衣服の型紙を作成する中、得られたことは以下のようである。二千年程続いた中国伝統衣裳は、民国時代に入りあらわな衣装に主役の座を譲ることになる。近代化の歴史的革命・辛亥革命・象徴として誕生した中山服が、中国を代表する衣裳として主役の座に躍り出た。したがって中山服はそれぞれの時代の政治的色彩が色濃くデザインに反映されていることが受け止められた。しかし中山服の本当の価値は、図面や外観だけでは理解できるものではない。着用して初めて重厚な着心地が実感でき、その価値の高さがわかるのではないだろうか。

おわりに

本章では、中山服のデザインは、孫文が関心を示し関わったとされている服を製図によって分析した。背広が中山服の原型であるという説が一般的であるが、果たしてそれは、事実であろうか。第1章で中山服に関わる文献の中で、孫文が日本の学生服のデザインに関心を持っていたという説を述べている。李学源氏・陳万豊氏、華梅氏、山内智恵美氏等による文献の中に、孫文が日本の学生服を中山服のデザインの参考にしたのではないかと指摘していた。その学生服のデザインは、立襟や袖幅にゆとりがあり、運動量が着やすく計算されていてとても着心地の良い服装であると書かれている。

また、孫文が普段着として日常着用したといわれている企領文装も、中山服の創出に関わったという説もあるが、「はじめに」で述べたように、企領文装の服装の現物を見付けることができなかった。これらの説は、いままでの文献資料において外観的類似性の指摘に留まっているため、中山服と背広や学生服の型紙を製作し、次の3点から考察した。第1に、中山服の原型は背広であると伝えられているが、実際にはどうであるのか。第2では、中山服は孫文が理想とする衣服を考案し、紅幇裁縫たちに託したとされているが、それはどの衣服のシルエットとデザインを取りいれたのか。第3に、創作から100年程立った今日でも、中山服は中国の服飾社会で存続しているが、なぜ人々に支持され続けるのか。

第1の疑問点となった「中山服の原型は背広である」という説を検証するために、男子服基本製図にそれぞれの服装のサイズを挿入して原型を作図した。その後、背広は紙面上で胸巾を基準に型紙を作成する。出来上がったシルエットは体にフィットしたものになる。それに対して中山服は、ボディーに布をあてがい立体裁断で注文服の布を裁断し、完成させる。背幅に運動量のゆとりをいれ、さらに肩パットも入れることでゆったりとした活動的な服装となる。現在、背広と中山服は、着用の用途にあわせて使い分けられている。中山服が誕生した頃の中国では、西洋式服装と言えば背広のことであった。そのような状況の中、中山服は背広と同じ西洋式の上着であったため、「中山服の原型は背広である」と一般的に推測されたのではないかと考える。

また、孫文は背広のデザインには関心がなかったと考えられる。なぜなら孫文に関わる文献の中では、孫文が背広のデザインに関心を示した記述が見当たらないからである。

第2の疑問点を解明するため、本論中で学生服の製図の分析を試みた。胡波氏の『中山装』の文献によると、孫文は日本の学生服に愛着を抱き、時々日本の学生服を着用していたということである。孫文が理想とする衣服のシルエットとデザインが日本の学生服かどうかを証明するため、学生服の型紙を作成してみた。中山服や背広と同様に、男子服基本製図を作図してから、学生服のシルエットとデザインを考慮に入れ型紙を作成した。日本で初めて作られた学生服は、第2節で述べているが、岡山県岡山市八浜の（株）トンボで復元されている。日本最初の学生服の実物を見ることができたが、そこから考えられることは、中山服の折れ襟（台付きシャツカラー）の台の寸法はほとんどが学生服と同じである。中山服は、背広のスリムなラインではなく、ゆとり分の入った大きな身幅分量（背広の原型に胸の緩み分を全体で10・０ｃｍ～12・０ｃｍ

挿入）であり、肩幅の回しも学生服等の製図と同じである。これらの特徴を考慮し中山服を着用してみるとパッドが肩に入っていることで、着用時のボディー全体が姿勢正しく見え、中山服は肩で着ると言える。今回、男子服の基本製図により原型を作図したことで、学生服は、中山服と同じ型紙を作成することで、デザインの立ち襟や袖幅などがゆったりとし、運動量を取り入れている。ゆえに、中山服のルーツは、デザインも含めて日本の学生服であると考える。企領文装は、南洋の華僑の人たちが西洋の文化を取り入れた衣服と言われているが、企領文装の立襟も学生服の立襟と共に中山服の参考デザインに採用されたのではないかと考えられる。中山服は、中国式服装と西洋式服装の中洋混合式服装と言えるのかもしれない。

第3、中山服は誕生から現在に至るまでに100数年余り経過している。長い間続いた伝統衣裳は、1949年、中華人民共和国成立後、徐々に姿を消していった。中山服は前述したように民国期に誕生して今日まで存読しているのは政治的なつながりで、社会背景が理由であると理解する。

19世紀末、背広が中国の服飾社会で流行しはじめると、背広の主な素材となる毛織物は、外国製の生地が多く取り扱われるようになった。そのため、洋服生地は輸入が多くなり、国産の生地の需要が減り、深刻な経済問題にまで発展した。中国経済に一面マイナス影響を与えるようになったことが、中山服が誕生した背景にあった。そして別の背景には、西洋から流れてきた西洋式服装をいかに改造して、それを中国人の体形に合った大衆的な服とするか、改めて考える時期に来ていたことでもあった。中国人の生活習慣、環境などに合った着やすい洋服を製作するには、どのような生地、デザイン、製造工程を整えたら中国の経済、服飾社会にバランスをとっていけるのかを真剣に考えていかなければならない時期でもあった。こうした時代、社会的背景を反映して、服装の改革が始まった。それと同時に何回か行われている中国革命において、中山服は政治的影響を受ける服装であり、ある一時点では中国の国民の服装であった。

孫文の理想とする服装は背広ではなく、立体裁断で起こす中山服である。背広はスリムなシルエットを理想として、中山服は活動着としてゆとりあるシルエットを想定していること。背広は胸囲を重視して製作し、中山服は背幅を重視して製作する。そのため、でき上がった型紙は、背広と中山服では異なったものになる。また、背広は型紙で作成するのに対し、中山服は立体裁断で顧客の注文服の布を顧客に直接あてがい、布を裁断する。以上のことなどから、本章「注1」に掲げた先行文献にある「中山服の原型は背広である」は、型紙で見る限りでは、中山服の原型は背広ではないと言える。

＊注

1　王新元『把服装看』、北京、中国人民出版社、1999、21頁。安毓英・金庚『中国現代服装史』中国軽工業出版社、1994年、29頁。黄能福・陳娟娟・钟满天『中国服飾史』文化芸術出版社、1998年、119頁。寧波市⊠州区人民政府『紅幇裁縫与寧波服装検討会文集』寧波市鄞州区文化廣電新聞出版局寧波服装博物館、2009年、76頁～78頁。季学源・陳万豊『紅幇服飾史』寧波出版社、2003年、46頁。

2　周邦楨『高档男装結合設計製図』中国紡績出版社、2003年。

3　前掲、塗潤華・徐暁紅『新法服装製図と縫製』50頁～55頁。

4　前掲、周邦楨『高档男装結合設計製図』180頁。

5　1）首筋の上部：服を着用してから襟元より上の部分。2）首筋の中部：襟周りの寸法を測る部分。3）首筋の下部：襟の下部。この部分の周囲の寸法は首筋の中部より長い。

6　塗潤華・徐暁紅『新法服装製図と縫製』江西科学学校技術出版社、1988年、55頁。

7　前掲、塗潤華・徐暁紅『新法服装製図と縫製』52頁。

8　王新元『把服装看』中国紡績出版社、1999年、19頁。

9　安毓英・金庚『中国現代服装史』中国軽工業出版社、1994年、35頁。

10 （株）トンボ『学ぶスタイルの変遷』学生服開発本部、2008年、2頁。
11 筆者が（株）トンボ学生服開発本部へ、東京帝国大学学生服の復刻版を見に行ったのは、2010年8月である。
12 1966年（昭和40年）になると、学生服の素材はウールと化繊の混紡になり、芯も不織布というフエルトに近い素材に変わり、洗える学生服が製造されるようになった。また学生服には1・0cm〜1・5cmほどの厚さの肩パットが使用され、パットを入れることで見ための凛々しさを表現する事になる。
13 蔡雷發、北京市東交民巷「紅都服装店」、2009年聞き取り。
14 蔡雷發、北京市東交民巷「紅都服装店」、2009年聞き取り。
15 蔡雷發、北京市東交民巷「紅都服装店」、2009年聞き取り。
16 李漢斌、南京市「李順昌服飾有限公司」、2009年聞き取り。
17 天児慧・石原享一・朱建栄・辻康吾・菱田雅晴・村田雄二郎編『岩波現代中国事典』岩波書店、1999年、579頁。中国の国防を担任する4軍種からなる国家の常備軍（防衛作戦を主とする、社会秩序維持を従とする）であり、現役と予備役となる正規軍の解放服。解放服＝中国人民解放軍服。

第３章　民国期における男子の服装
―中山服と長袍を中心に（１９１２年～１９４９年）―

はじめに

第３章では、長袍を中心に中山服並びに民国期の男子の服装について掲げる。中国の服飾社会で栄えた男子服は、中国式服装の長袍と西洋式服装の中山服が中国人の間で多く着用された。長い間、受け継がれてきた中国式服装は、長袍と長衫（長衣の一重仕立ての衣服のことをいう）であったが、民国元年、孫文が臨時総統に任命された時、孫文によって考案された中山服が、突如として男子服装として中国の服飾社会に加わった。陳蘊茜氏（中国江蘇省南京大学歴史学科教授）は、民国期初頭に現れた中山服の存在について、次のように述べている。

もともと、広大で農村部が広い中国にとって、政府で働いている人は制服を着ている人が少ない。政府で仕事をする人たちの制服にしては、中山服の影響は限られているはずである。しかし、その革命時代、中山服は革命の象徴として若い人たちに受け入れられ、中山服は一種の流行となった。しかも１９２５年の後、国民が強く孫文を尊敬していたため、中山服の流行はファッションとして流行するのではなく、国家は民衆の服装の流行を導いた結果となった

陳蘊茜氏は、「中山服の流行はファッションとして流行するのではなく」孫文を尊敬する若者たちが着用するようになったのではないかと指摘する。一般的には、「流行する」のではなく関心が向けられたのではないだろうかと筆者は推測する。中山服は、特殊な人たちから着ることができない衣服であったのではないかと、理解する。以下、その点を中心に考察し、本章にて言及する。

中山服の広がりについてアントニア・フィナネ氏は、「1920年、中山服は若き革命家の間で人気が出た。そして民族革命と歩調を合わせ、小さな田舎街でも一般的な衣服として広まっていった。民主革命の後、北部（現在の北京周辺）の人々の間でこの衣服の着用が増えてきた。」と述べ、どのような服飾社会状況だったのか、また、それに着用状況の実体を追随し、中山服の着用状況を考察した。

なお、民国初期、1912年3月、民国政府により「服制条例」の草案が提出され、同年10月、民国政府参議院にて服制条例が可決された。それによって男子の服装は国産の生地を使い、麻や綿などを使用することになった。なお、これは、服装改革を実施し、生地の輸入を減らそうとする意味を持つものであった。本章では、民国期、中国人に長い間愛用されている中国式服装の長袍・馬褂や長衫などが、革命のシンボルでもある中山服と出会い、男子の服装としてどこまで浸透していったのかを考察する。

第1節●長袍

中国伝統服飾である「長袍（チャンパオ＝裏付きロング衣服）」は、長年続いた中国式服装の理想の服装であった。清末から民国期にかけて中国の服飾社会でどのような着用状態であったのか時系列に沿って調査してみたい。

1644年、北京市民は、官僚も全て髪を切らなければならない。着用する衣服も、全て清朝の制度に従わなければならなかった。これは、服装を統制することで主として民族の支配を維持するやり方で、世界の歴史の中でもあまり見られないものであった。そのため、その髪を切って服を着る、これが新しい時代を示すこととなった。清朝は、中国の歴史の中で、最後の封建制度の王朝であった。清代の冠服制度は、中国の服装の歴史の中で、最も複雑な服飾制度であった。例えば清朝の官僚を例にとると、三帽は、夏用の涼しい帽子、冬の暖帽子は数種類ある。ひさしの部分は［涼帽子］や［暖帽子］の2種類があり、コート地、毛皮もある。また、帽子のトップに赤いアクセサリーを備える。

喪服の時は、この帽子のひさしを黒色にし、頭の上の生地は紫色とする。冬の帽子と夏の帽子のトップには珠が付く。珠は、紅色の宝石で作られ、官僚の階級によって色がわかれている。一番位が高い官僚は赤、次に青（明るい青と暗い青）、次に水晶で、北の地方は白い石を区別された。金は、珠を付けない下級階級の人たち。珠の下には、孔雀の毛が付いている。孔雀の毛は、青い色、花柄である。礼服とか慶事の服の着方は、『大清会典（5部）』に着用状態が決められていた。その中の条例　第一部（1684年）に服装関係は定められている。この時代の社会状況に基づいた項目に従い、条例があり、その中の一項目に服飾法令があった。当時の礼服、吉服、常服、行服などは、全てこの法令に詳しく書いてある。

1868年（清朝）、中国の人々は、三つ編みの髪形を結っていた。1872年、中国人がアメリカを訪れた時、中国人は三つ編みの髪形をしていた。それを見たアメリカの幼い子供たちは、中国人の性別がわからないというエピソードが残っている。康有為はその著者『戊戌奏稿』の中で、「髪を切り、衣服を替える」よう警鐘を鳴らし、『清断髪易服改元折』に掲載されている。清代の服飾制度によると、袍は礼服袍、吉服袍（祝いの席で着る衣服）、行服袍（行進の時着る衣服）と常服袍（皇帝や官吏の日常用長袍）等、着用状況に合わせて使い分けていた。その中でも、礼服袍は当時の服装の中で、正式な服装であった。清代の袍は掛（一重の長い丈の中国服）との中国服の重ね着である。中着は袍、上に着る衣服は中に袍より30㎝程短い丈の袍で、馬掛として着用した。

清朝末期から民国期にかけての袍掛（パオグァ＝一重仕立てのロング衣服）は、中国式の組み合わせである。掛は馬掛（男性用の中国服の短い上着で、長衣の上に着用して礼服として用いた）と馬甲（ベスト）のどちらかを羽織物として袍の上に身に付け、また、中国式の長ズボンを穿き、靴は中国式の布の靴を履き、丸い帽子を被った。一般的には、清朝末期以前の着丈より1・1㎝から1・5㎝位長く、胸巾は着用者の体格にもよるが40㎝から60㎝位の段階に分けられ、胸巾と袖丈の長さが全体の形に影響する。一般的に、清末までの長袍・馬掛の着方は、袍の色は濃く、羽織物の馬掛の色は薄い色を使用した。この頃になると中国の服飾社会にも西洋の様式が入り、本来の伝統的な中国式の袍の組み合わせの

写真１　清代の男子瓜皮帽（出典：袁仄・胡月『百年衣裳』、生活・読書・新知　三联書店、2010、41頁）

色も変わるようになり、民国期にかけて以下に掲げる写真1の資料でもわかるように、「袍《パオ》」の色は明るい色、「褂《グァ》」は濃い色で作製されるようになる。

　西洋の人から印象強い男性の長髪と、軍隊の三角形の帽子が中国人のイメージであった。その時代の西洋の書籍と雑誌によると、中国男性のスタイルは、三角形の涼帽と三つ編みの髪形であった。

写真２　清末から民国期の男子主用礼服の長袍・馬褂（出典：袁仄・胡月『百年衣裳』、生活・讀書・新知　三联書店、2010、42頁。）

　前髪を剃り、他の髪の毛を三つ編みにして、ある人たちは髪の毛をまき、それを、力仕事に応用し（髪は物を運ぶ梃がわりにした）、夏の暑さに耐えるため三つ編みにして一つにまとめていた。清末、革命党の人たちは三つ編みを切ることを推奨していたが、一部分の中国人は髪を頭に巻いて切らなかった。地方公務員にあたる多くの官僚役人の人たちが被っている帽子は、「瓜皮帽」である。写真1の帽子は明朝に出現し、明朝では中国人の間で盛んに被られた。瓜皮帽は6枚パーツでできており、中国産のシルク、麻素材が使用され黒色であった。帽子の前後を見分けるために、前の位置には装飾をあしらい、宝石などを飾りつけていた。清代の男子常服の主要形成は、長袍、馬褂、馬甲である（写真2は長袍・馬褂、長袍・馬甲である）。

　馬甲は現代でいうベストである。デザインはさまざまであるが、色は黒色や深い色が多い。素材は革や布（厚い生地、薄い生地）で、生地は麻、シルクが大部分である。最初、馬甲は満州族の人たちが中着として着用していたが、金持ちが洋服の上に着用するようになり、衿まわり、袖くりにきらびやかな刺繍や宝飾を施すようになり、中国人のおしゃれ着として着用するようになった。清代の官服の飾り物は、朝球を付け、男子もいろいろな飾り物を付ける習慣があった。よく見られるのは、扇子のカバー、つまようじ、耳かき、眼鏡のケースなど、玉器をペンダントとして付ける習慣があった。民国期にかけての袍は、長袍と長衫が中国式服装として出現するようになる。「長衫」は薄地の生地で一重の仕立てで作製するため、春と夏に着ることになり、「長袍」は厚手の生地を用い裏地を付けて作製するので秋と冬に着ることになる。

長袍は地域によってデザインが異なることがある。漢民族は打ち合わせの止めがボタンであるが、少数民族の長衣のデザインは打ち合わせにボタンを使用しないで、組みひもの細工の紐で止めをする。このような技法をデザイン作成に採用している少数民族は、甘粛省のトゥー族であり、色が鮮やかで、襟、袖が大きく、着る時はウエストに紐を付けたようである。少数民族のひもの細工を利用した衣服の中に、ポケット変わりの袋システムを採用した。

また、長衣の種類に「長衫」という服装もあった。写真3の「長衫」は、「長袍」の一重仕立ての衣服のことを指す。通常は、「袍」あるいは「衫」にジャケットを着用する。「長衫・馬掛（ベスト）」の組み合わせは、ジャケットに馬掛、馬申《マシン》（ベスト）などを着用する。新服制条例が法規されてから、長袍と長衫はおくみが大きな襟になり、身頃は切り替えなしの裾までまっすぐな足首の2寸丈上までの着丈として着用した。袖は馬掛と同じ長さで、色の多くは藍色、「袍」と「衫」のデザインはよく似ている。普通、富裕層の人は「袍」の内側にベルベットや毛皮を施す。衫は綿素材が多く、一重仕立てが多かったので春や秋に着用し、夏は麻とシルクの生地を使用して仕立てられた。なお、長袍と長衫は中国式服装であるが、それぞれの、ステータスが異なる。長袍は、主に支配層と知識人が着用する服装であった。そして長衫は、民国時代、一

写真3　20世紀30年代に、長衫を着用して楽しむ若者たち。（出典：廖军・许星『中国服飾百年』、上海文化出版社、2009年、84頁に掲載）

番多く着用された中国式服装であり、知識人の意識を持つ人がシンボルを支える意識の服装として着用されたとされる。

当時の若者たちの考え方は、新派を代表しており、彼らにとって服飾制度の改革は単に生活方式の改革を意味するだけではなく、政治制度の改革、ひいては社会全体の改革を示す象徴としてとらえられていたようである。服飾制度の改革あるいは「変法」は、スムーズに進行するか否かの主要な要因として位置付けられ、服飾制度を国家・社会の発展と関連づけていた。また、海外にいる漢民族革命家・留学生・華僑などは、満州式の服装と弁髪を拒絶するという行動で「改革」を対外的に知らしめた。このようにして、満州式の服装と髪型は、清朝の統治を拒絶するか否かというシンボルに使われたのである。「断髪易服」を行うということは、康有為のもとでは穏やかな変革のシンボルであり、革命家のもとでは急進的な革命のシンボルとして使われた。立場にわずかな違いはあったが、その時代に関わる政治的代表者たちは、「断髪易服」と「政治的立場」を表裏一体とみなしていたのである。つまりこの当時は、中国の伝統的な服装を改め、西洋式の服飾を受け入れるにその意味を持っていたのである。この点においては、現代生活・外交という立場に立てば西洋式の服飾は、新しい国家建設を目指す者にとっては、非常に都合がよかったのではないだろうか。

しかし「断髪易服」と「剪辮易服」を主張する人は、ごく少数の革命家に限られ、大多数の人々は保守的な立場を堅持していた。保守勢力が世の大半を占める中で、維新派の考え方は受け入れられず、戊戌変法は失敗したのである。また、帝国主義と清朝は、いかなる根本的改革も拒絶したのである。伝統的な思想と制度を守ろうとする人々にとっては、彼ら改革派の考えは受け入れがたいものであり、服飾の改革に対しても同じような立場に立ったのである。「易服（服のスタイルが変わること）」は、衣服の革命の意味であり、新時代に沿っていく象徴的意味を持つ。中国の服制では、この時期初めて変えることになった。

辛亥革命直前は、多くの中国人留学生が日本で学んでいた。１９０５年に中国同盟会が東京で成立した際は、90％以上の会員が留学生であった。その彼らの多くは、中国に帰り、辛亥革命後、服飾の改革を断行した。その状況で、服飾文化を政権交代の外的表示とし、また、成長とみなした彼らは、政権が交替後にまず服飾文化を新しい時代にふさわしいものに代えなければならないと考えた。つまり、清末期に要求して果たせなかった服飾改革を、彼らはこの時期に果たそうとしたのである。

民国元年、服飾制度が定められた時、「民国が出発したからには早急に新服制を求め、整然と異一律化しなければならない」という「破旧立断」のスローガンが表れた。このスローガンは服飾においても掲げられ、フォーマルな服飾においてもそれまで唯一の選択技の服装（長袍・馬褂）が廃止され、西洋式（背広、中山服）の服装が提唱された。中国式（長袍を中心に中国伝統衣裳）のフォーマルな服飾は、過去の歴史として位置づけられ、西洋式の服飾（主に背広、中山服）がこれにとって代わった。

１９２９年、中国式服装代表の長袍・馬褂は、「新服制条例」により中国国内の礼服に位置付けられたので、人々の着用状況が変わり、多くの中国人は自由な服装を着用するようになる。そして、長袍は、再び中国人に愛用されるようになる。中華人民共和国が誕生して以後、１９５２年、大躍進と毛沢東による核開発をし、中国人は政治的、経済的、社会的にゆとりのない生活になり、それに平行してゆったりした中国式服装を着用するゆとりがなくなった。それゆえ、中国人の日常の服装は、活動的な西洋式服装に代わっていった。特に知識者の多い北京周辺では、中華人民共和国の成立と共に、中山服は中山服様式として中国の国家公務員の制服として位置づけられ、着用されるようになると、服装の着用状況が変わり、活動的ではない長袍は、仕事着として不適切であるため中国の服飾社会から減少していく。そして文化大革命終結後、中国伝統衣裳の長袍の存在は消滅した。

第2節●民国期の服飾制度―男子服を中心に

1「民国服制条例」（1912年）

1912年10月、民国政府は初めて正式な服飾法令を発表した。これは、男女の正式な礼服の様式（色、生地）について詳細に規定した法令であった。そのうち、男子服に関しては、以下のように定められている。

「民国服制条例」（1912年）

第一章　男子礼服　（資料1～5参照）

第一条　男子礼服（大礼服は資料1の新服制第一条、二条、常礼服の2種類は第三、四、五条に掲載）

第二条　大礼服様式「資料2の第一図（二）、ズボンは資料2の第一図（一）」、昼用大礼服「資料3図の第一図（一）、ズボンは資料2の第一図（一）」。

夜会服は、燕尾服。昼、夜の大礼服の生地は、中国製シルクの織物。色は黒。

第三条　常礼服は2種類。：（1）甲の型は西洋式服装「資料2の第二図（一、二）、ズボンは資料2の第一図（一）」。

（2乙の型は、掛袍式の長袍・馬掛「資料4の第三図（一、二）、ズボンは第二図（三）」。

甲、乙共に製作の生地は、中国製シルク織物、綿素材、麻素材、色は黒。

第四条　喪服（大礼服と常礼服の上の左腕に黒色の腕章をつける）。

第五条　男子礼服の帽子「大礼帽（資料4の第四図）、常礼帽（資料4の第五図）」この服制条例の内容は、以下のとおりである。

男子の常礼服は、中国式と西洋式である。西洋式常礼服は昼間と、夜間使用の2種類に分けられている。中国式常礼服は、一日中、長袍、長袍・馬掛といろいろな着用ができる。

甲（西洋式）昼：着丈は、膝丈設定。

袖は、くるぶしまでの袖丈。打ち合わせは前中心で止め、裾は楕円カット。昼夜とも、前身頃の作りは、イギリス式燕尾服。

乙（中国式）昼、夜：長袍・馬掛＋正式な西洋式の礼帽（資料4の五図）。

第六条　礼靴は2種類ある。

一．甲種式は資料5の第六図のように、黒い大礼服及び甲種常礼服を着用する時合わせる靴。

二．乙種式は、黒色で乙種常礼服を着用する時合わせる靴。

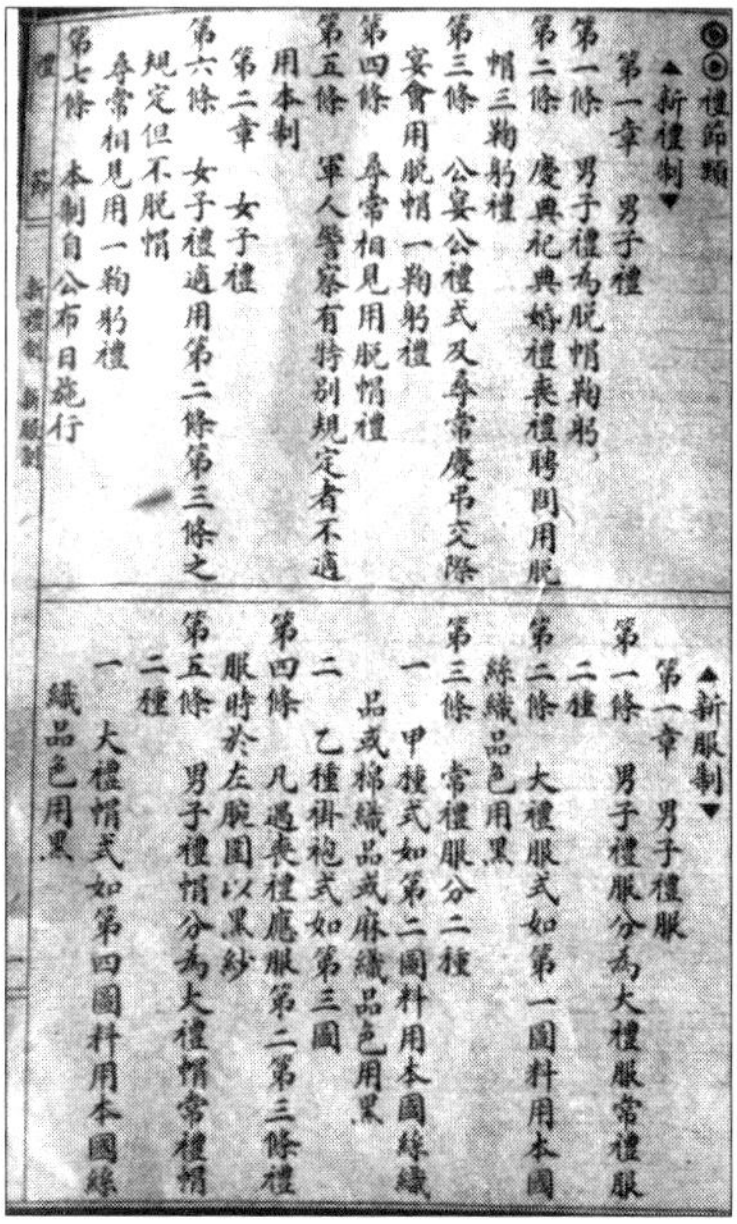

◎◎禮節類

▲新禮制▼

第一章　男子禮

第一條　男子禮為脱帽鞠躬，

第二條　慶典祀典婚禮喪禮聘問用脱帽三鞠躬禮

第三條　公宴公禮式及尋常慶弔交際宴會用脱帽一鞠躬禮

第四條　尋常相見用脱帽禮

第五條　軍人警察有特別規定者不適用本制

第二章　女子禮

第六條　女子禮適用第二條第三條之規定但不脱帽

尋常相見用一鞠躬禮

第七條　本制自公布日施行

▲新服制▼

第一章　男子禮服

第一條　男子禮服分為大禮服常禮服二種

第二條　大禮服式如第一圖料用本國絲織品色用黑

第三條　常禮服分二種

一　甲種式如第二圖料用本國絲織品或棉織品或麻織品色用黑

二　乙種褂袍式如第三圖

第四條　凡遇喪禮應服第二第三條禮服時於左腕圍以黑紗

第五條　男子禮帽分為大禮帽常禮帽二種

一　大禮帽式如第四圖料用本國絲織品色用黑

資料1　服制条例（1912年）
（出典：『日用寶鑑』、上海共和編訳局、1914年、1頁）

清朝の服飾制度では、朝礼などの重要な儀式に出席する人は、長袍・馬掛を着ることが義務づけられていた。しかし、1912年に定められた民国期の服飾制度では、男子の服装が、大きく三つに規定された。第一は西洋式礼服、第二は公服（公務に従事する際の服）、そして第三は常礼服（中国式と西洋式の2種類）である。民国服制条例が定められてから、中国の国民は長袍を着用する時、西洋帽を被ることと革靴を履くことを規定された。生活は、全体としてまさに西洋化に進む過程であった。清末までは、中国伝統衣裳の長袍・馬掛は、中国の服飾社会で礼服と定められ、長袍・馬掛を着用の場合には西洋式の靴と西洋式の帽子を合わせてまとまった服装として身に付ける事が規定された。

大礼服は、西洋式服装のイギリス式燕尾服（夜会服）かタキシードを着用する事となった。その大礼服トータルファッションは、黒の礼服、襟はシャツカラーの上衿の先が90度に折り返っている燕尾服の折れ襟で、固定化した形の燕尾服とした。ズボンは、黒の西洋式スラックス、靴は西洋式の黒色の革靴を履くことになる。常礼服は、中国式服装と西洋式服装の2種類の着用が定められている。西洋式服装は西服（背広）を着用とする。民国元年、初めて中国の服飾社会に出現した孫文考案の中山服は、民国服制条例の項目で見る限りでは、位置づけが示されていない。

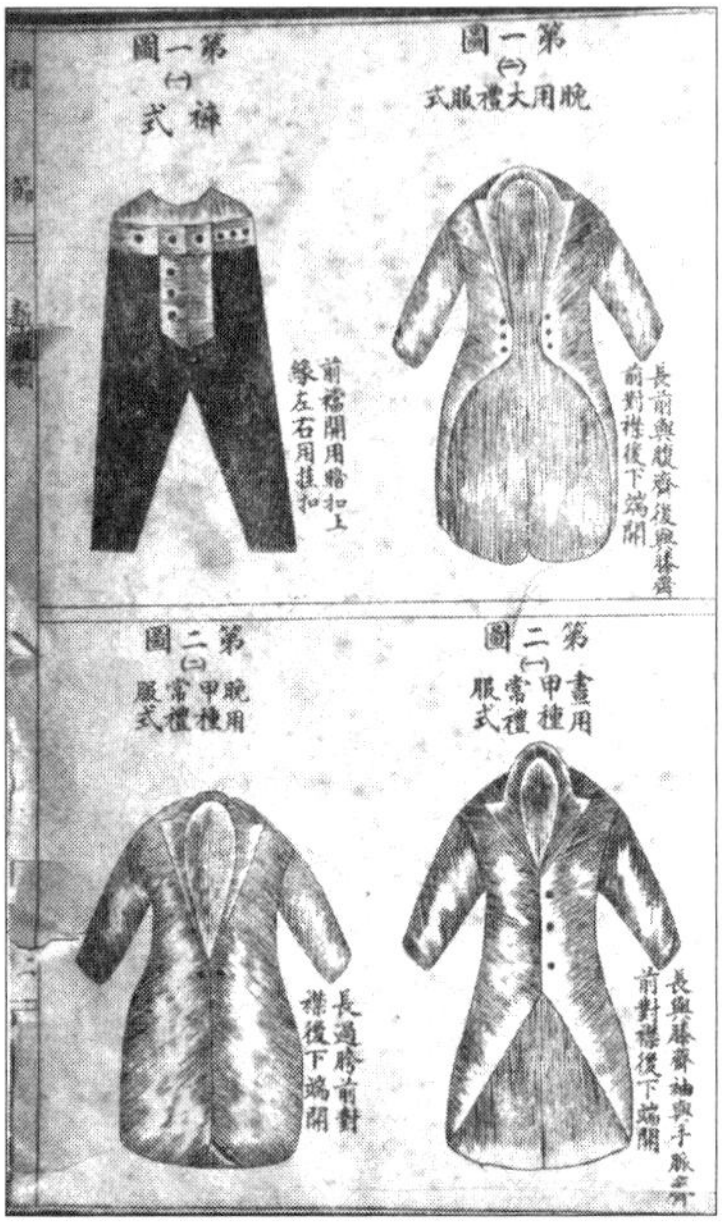

資料２　服制条例 (1912 年)
(出典 :『日用寶鑑』、上海共和編訳局、1914 年、１頁)

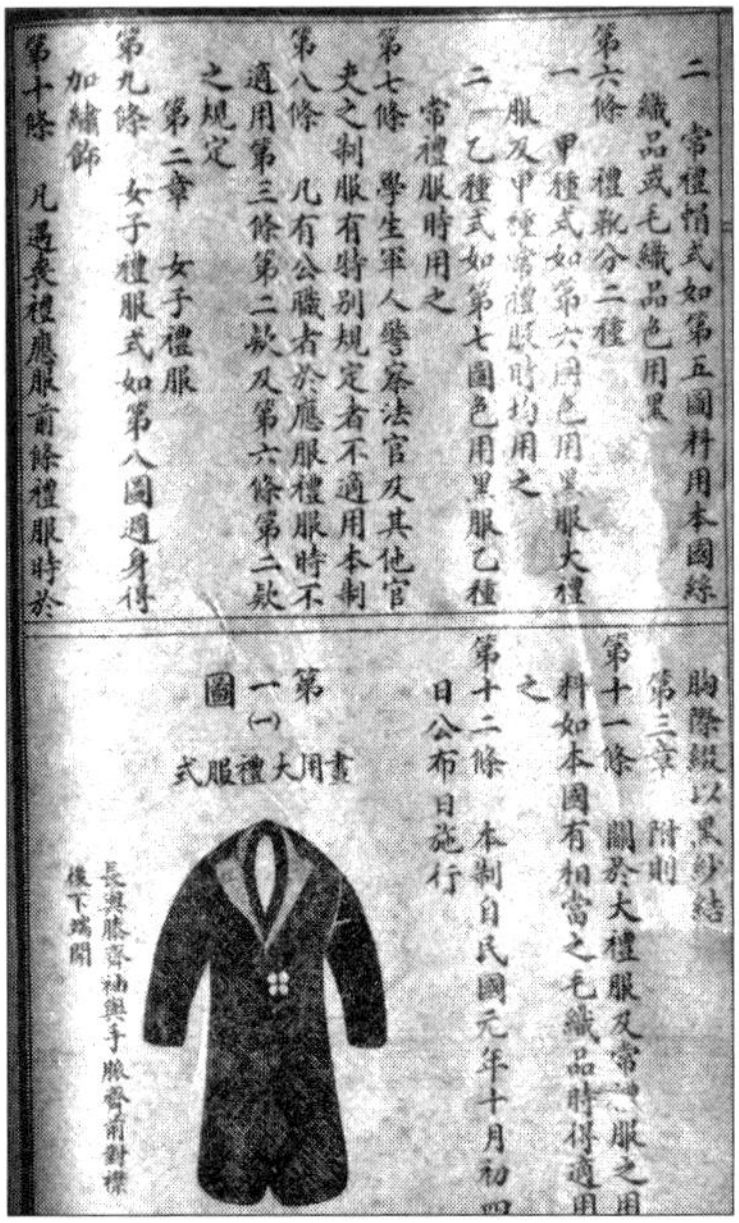
二　常禮帽式如第五圖料用本國絲織品或毛織品色用黑
第六條　禮靴分二種
一　甲種式如第六圖色用黑服大禮服及甲種常禮服時均用之
二　乙種式如第七圖色用黑服乙種常禮服時用之
第七條　學生軍人警察法官及其他官吏之制服有特別規定者不適用本制
第八條　凡有公職者於應服禮服時不適用第三條第二款及第六條第二款之規定
第二章　女子禮服
第九條　女子禮服式如第八圖週身得加繡飾
第十條　凡遇喪禮應服前條禮服時於胸際綴以黑紗結
第三章　附則
第十一條　關於大禮服及常禮服之用料如本國有相當之毛織品時得適用之
第十二條　本制自民國元年十月初四日公布日施行

資料３　服制条例 (1912 年)
(出典 :『日用寶鑑』、上海共和編訳局、1914 年、２頁)

以上の服飾制度から考えられることは、礼服の組み合わせが中国式と西洋式を融合している総合的な服装の傾向に向かっていった事である。１９１２年の服飾制度によって中国式服装を着用した時は、西洋の帽子を被る事と定められ、西洋式服装が習慣づいていない中国人にとって、初めて着用した時は着心地のよくない落ち着かない気分になったのではないかと推察する。また、民国初期の服飾制度により、中国の国民は、服に合わせるように髪形も三つ編みを短くカットし、民国政府は、新しい文化を中華民国の服飾に受け入れさせた。１９１２年に発布された服飾制度は、文字と図の詳細が示された形式で、この服制は１９１２年10月４日に公布された。

１９１２年から１９１５年まで、民国政府は15以上の公務員の服制法令を出している。この時選ばれた服装は、基本的には西洋の様式を主体としていた。また、民国初期、検察

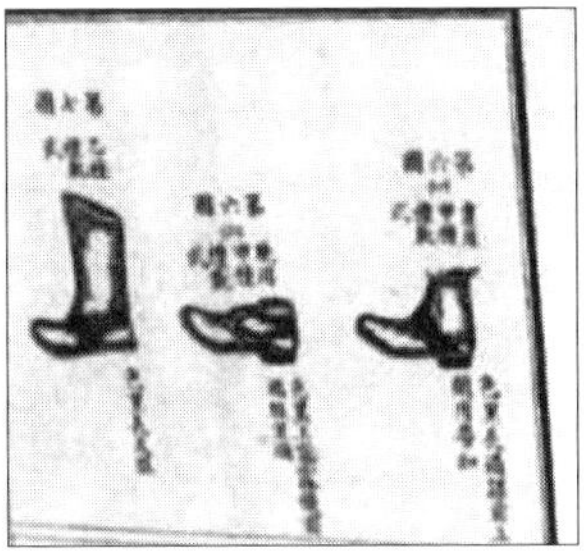

資料５　服制条例（1912 年）
（出典：『日用寶鑑』、上海共和編訳局、1914 年、２頁）

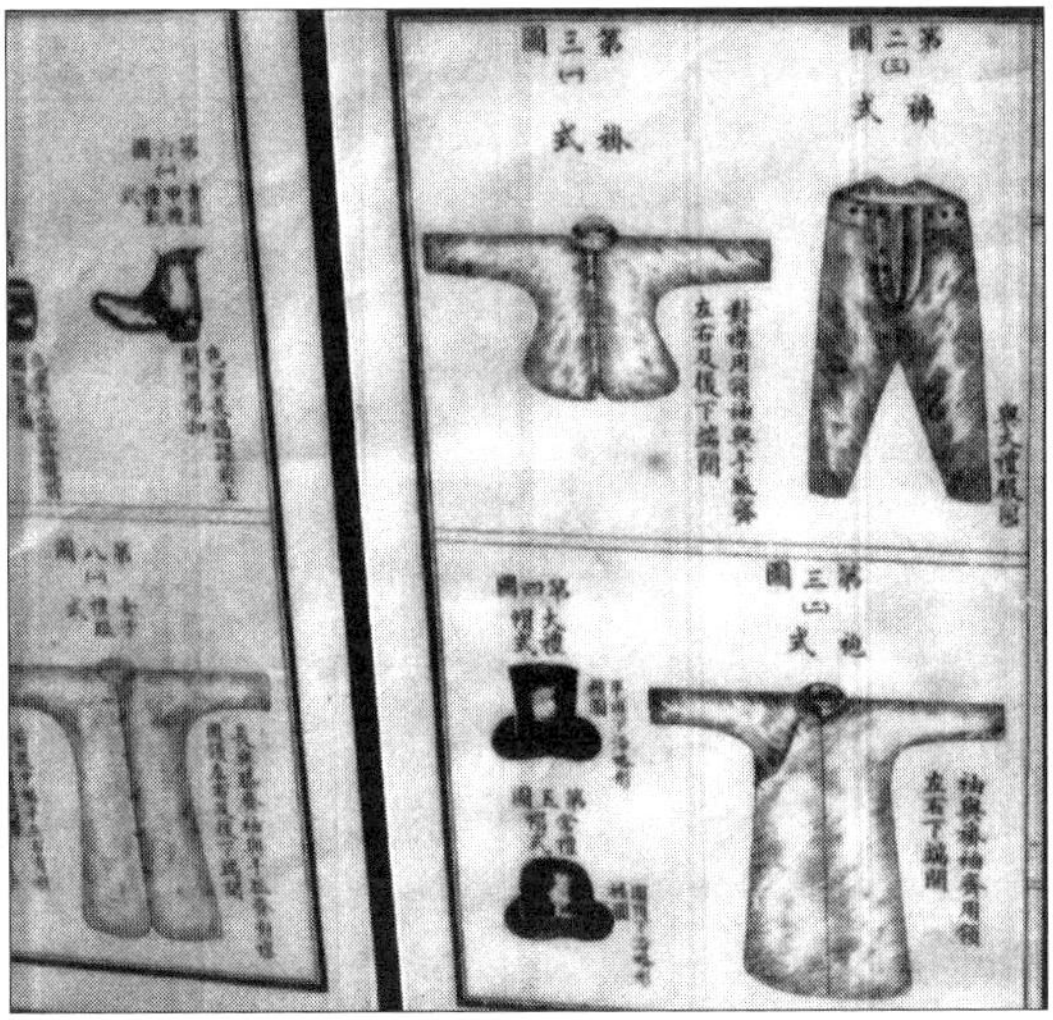

資料４　服制条例（1912 年）
（出典：『日用寶鑑』、上海共和編訳局、1914 年、２頁）

官、判事、弁護士の服制を公布し、１９１２年７月男女の礼服及び「便服」、１９１２年10月には陸軍の服制を公布した。また、１９１３年には、民国政府の「外交官領事官服制暫行章程」を公布した。外交官の服制は西洋の外交官の服制を作られた。１９１５年には、航空職員の服制を公布し、１９１８年には、海軍や警察官の服制を公布した。年月を追って、次々に服制を公布したことから中華民国政府は服制を重視していたことがわかる。なぜなら、中国の習慣の中で、古い服制に替わって新しい服制を公布することは、服飾の歴史を意味したからである。第一図に提示されている燕尾服は、服制条例にて男性の夜会服の正式な礼服となる。１９１２年以後、夜会服は、西洋式に似ているデザインの燕尾服を着用することとなった。

　民国服制条例に従って着用し、服飾社会において着用しているのは長袍であった。中山服は制度としての規定がなかった。そのため当時の中国人は服飾社会では、中山服を重要視してはいなかったのではないかと推察できる。

2 「警察制服条例」と「新服制条例」について

1927年4月、南京国民政府が成立し、政治の中心は南京に移った。中山服様式のデザインを制服に取り入れた「警察制服条例」が規定された。この条例は、新服制条例の草案提出前の年度に提出され、制度化したものである。

なお国民政府は、1929年、「新服制条例」を発布し、男子の袍、掛について規定した。長袍・馬掛は、国内の礼服となる。燕尾服を排除し、中山服様式のデザインは警察の制服になり、公務員の制服になり、外交上の服装となるとして規定した。

政府は、1912年10月、初めて正式な服飾法令として「民国服制条例」を発表したが、1929年、国民政府により「新服制条例」が新たに改正され服飾制度が規定された。

1934年10月出版の『中華民国法規彙編』「第11条　司法」に掲載されている警察制服条例と新服制条例の内容を考察した結果を以下に掲載する。

「警察制服条例」(1928年)

第四条：上着は以下のような形である。(資料6、7参照)

(1) 中山服様式のデザインで、上着の着丈は腰下までとし、襟は学生服の形。

(2) ボタン：直径7分、色は服と同じ色で、円形で平面。上着のボタンの素材は、動物の角か骨。

第五条：ズボンは中山服様式(西洋式)。

第六条：コートはひざ下ロングで、色は藍。

警察制服條例（附圖式）民國十七年十一月四日內政部公布

第一條　警官警士之制服應依本條例之所定

第二條　服料以本國棉織布質爲之

第三條　帽依下列各款製成之

1徽　黨旗式中嵌紅色安字篆文銅質徑一寸圓形藍色　2章　白色布帶一道寬與帽牆等　3簷　革

質表黑裏綠（圖見後）

第四條　衣依下列各款製成之

1製式　中山裝式長過胯但領用學生裝式　2鈕　徑七分色與衣同圓形平面角質或骨質（圖見後）

第五條　袴用中山裝式（圖見後）

第六條　外套用長形藍裏長過膝（圖見後）

資料6　警察制服条例 (1928 年)
(出典：立法院編譯處編『中華民国法規編』、中華書局、1934 年、48 頁)

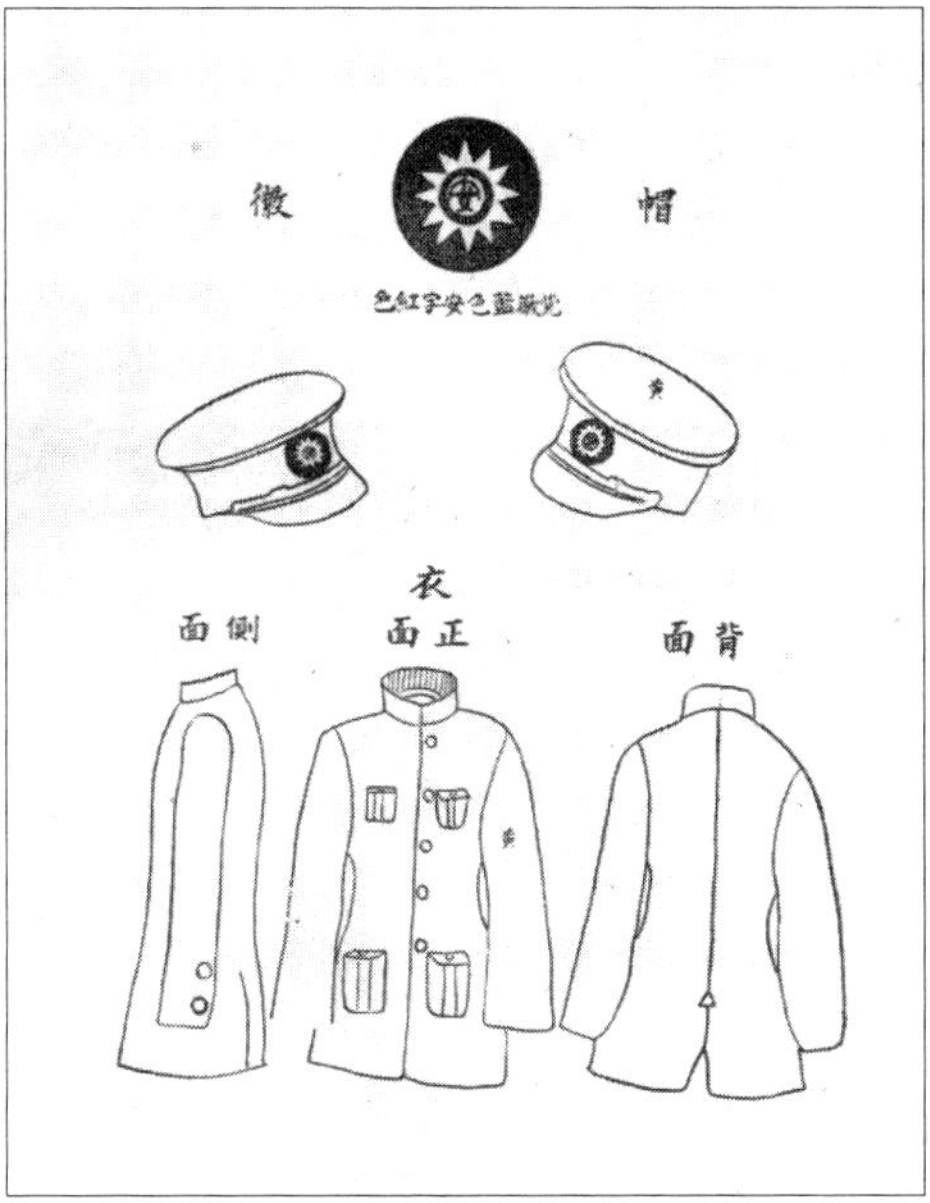

資料7　警察制服条例 (1928 年)
(出典：立法院編譯處編『中華民国法規彙編』、中華書局、1934 年、53 頁)

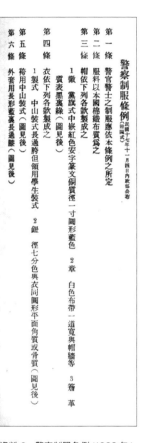

「新服制条例」（1929年）

第一章　礼服（資料8参照）

第一条　男子の礼服は次の項目のように規定する。

（一）掛：（長袍の上に一枚かける上着）（資料9の第一図）。形は第1図、襟巾は同じ高さで、前中心は合わせ、着丈は腹の下まで。袖の長さは手首くらいまでと両脇はスリット。生地はシルク、

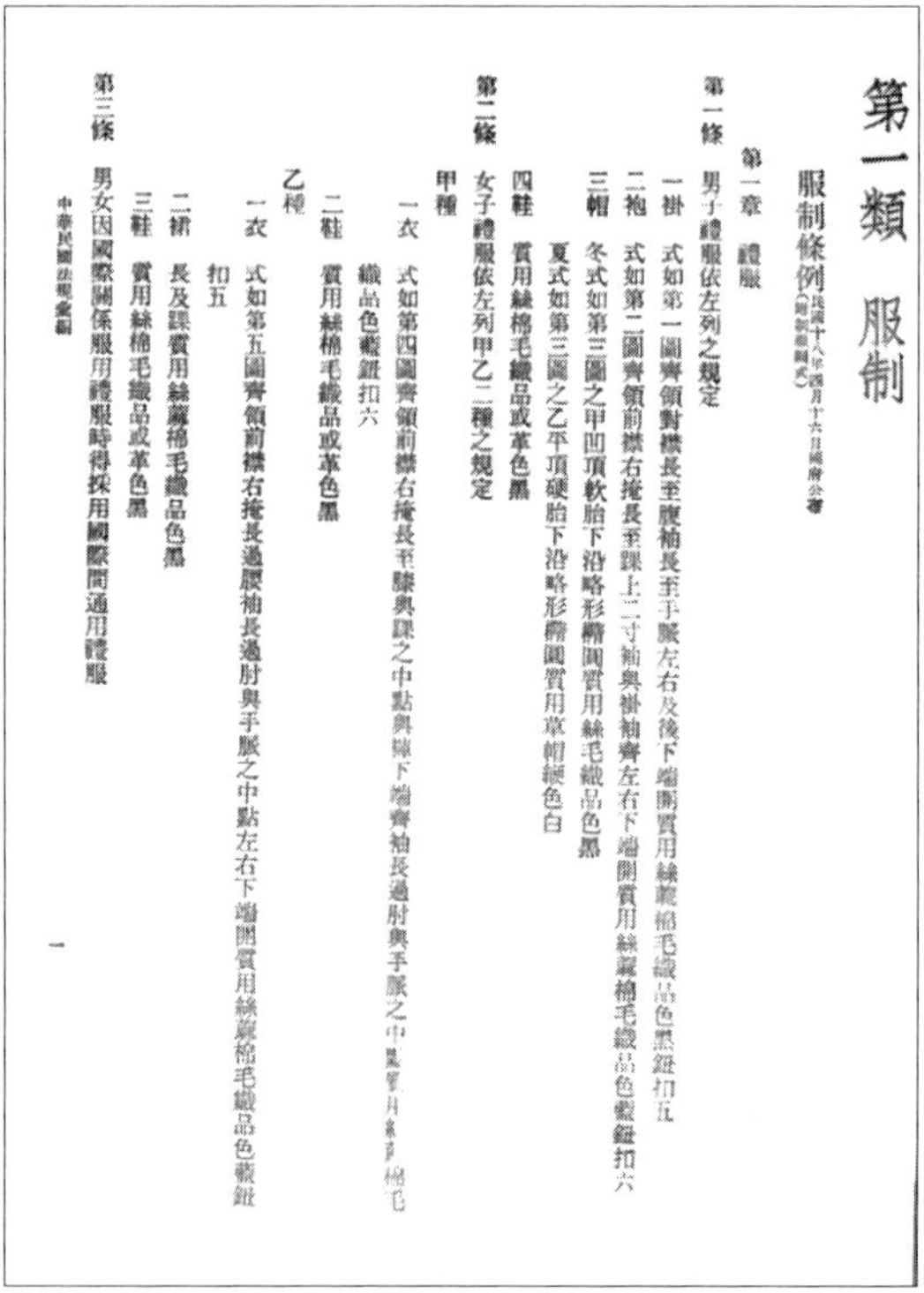

第一類　服制

服制條例（民國十八年四月十六日國府公布）

第一章　禮服

第一條　男子禮服依左列之規定

一掛　式如第一圖齊領對襟長至腹袖長至手脈左右及後下端開質用絲麻棉毛織品色黑鈕扣五

二袍　式如第二圖齊領前襟右掩長至踝上二寸袖與掛袖齊左右下端開質用絲麻棉毛織品色藍鈕扣六

三帽　冬式如第三圖之甲凹頂軟胎下沿略形橢圓質用絲毛織品色黑

夏式如第三圖之乙平頂硬胎下沿略形橢圓質用草帽緶色白

四鞋　質用絲棉毛織品或革色黑

第二條　女子禮服依左列甲乙二種之規定

甲種

一衣　式如第四圖齊領前襟右掩長至膝與踝之中點與褲下端齊袖長過肘與手脈之中點質用絲麻棉毛織品色藍鈕扣六

二鞋　質用絲棉毛織品或革色黑

乙種

一衣　式如第五圖齊領前襟右掩長過腰袖長過肘與手脈之中點左右下端開質用絲麻棉毛織品色藍鈕扣五

二裙　長及踝質用絲麻棉毛織品色黑

三鞋　質用絲棉毛織品或革色黑

第三條　男女因國際關係服用禮服時得採用國際間通用禮服

中華民國法規彙編　一

資料8　服制条例 (1929年)、礼服
(出典：立法院編譯處編『中華民国法規彙編』、中華書局、1934年、1頁)

麻、綿、ウール素材。色は黒色でボタンは5個付いている。

（二）袍：形は第二図（資料9の第二図）。襟巾は同じ高さで前身頃の着丈はくるぶしから2寸上まで。袍袖は、掛と同じ長さ。生地は、シルク、麻、綿、ウールで（季節ごとに生地の素材が変わる）、色は藍色。前身頃のボタンは6個。

（三）帽子：冬期は第三図の甲図で、帽子のトップの真中がへこんで柔らかく、つばさが楕円形（資料9の三図）。素材はシルク、ウールで、色は黒。夏期は第三図の乙図（資料9の三図。帽子

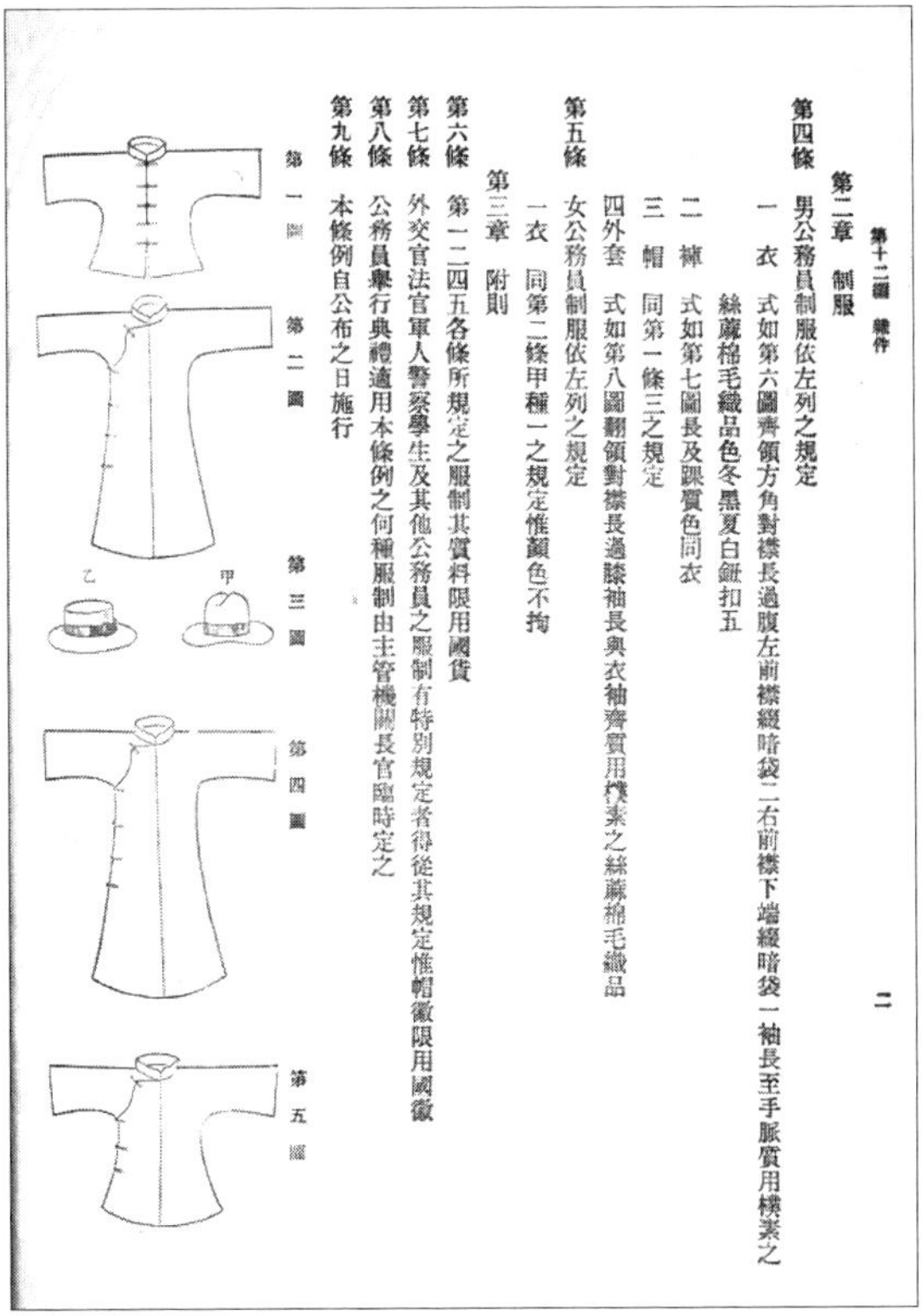
第十二編　雜件　二

第二章　制服

第四條　男公務員制服依左列之規定
一　衣　式如第六圖齊領方角對襟長過腹左前襟綴暗袋二右前襟下端綴暗袋一袖長至手脈質用樸素之絲蔴棉毛織品色冬黑夏白鈕扣五
二　褲　式如第七圖長及踝質色同衣
三　帽　同第一條三之規定
四外套　式如第八圖翻領對襟長過膝袖長與衣袖齊質用樸素之絲蔴棉毛織品

第五條　女公務員制服依左列之規定
一衣　同第二條甲種一之規定惟顏色不拘

第三章　附則

第六條　第一二四五各條所規定之服制其質料限用國貨
第七條　外交官法官軍人警察學生及其他公務員之服制有特別規定者得從其規定惟帽徽限用國徽
第八條　公務員舉行典禮適用本條例之何種服制由主管機關長官臨時定之
第九條　本條例自公布之日施行

資料9　服制条例(1929年)、制服

（出典：立法院編譯處編『中華民国法規彙編』、中華書局、1934年、2頁）

のトップは平、ひさしの角度はゆるやかで帽子全体は硬い。つばさは楕円形。素材は草織物（植物系）で、素材の色は白。

（四）靴：素材はシルク、ウール、綿、革で、色は黒。

第三条　男女の国際関係の行事で着用する礼服は、国際的に通用する礼服を採用する（男子の外交上での服装は背広、中山服を採用、中国国内での礼服は長袍馬掛とする）。

第二章　制服

第四条　男子公務員の制服は次の項目のように規定する。（中山服様式のデザイン）。（資料9、10参照）

（一）上着：襟の形は立ち襟（学生服の襟と同じデザイン）。前中心の重なりは、四角の角仕立て。長さは腹より下で、左前の上下には隠しポケット（箱ポケット）が付いていて、前身頃の右側下には隠しポケット（箱ポケット）が1つ付く。袖の長さは、手首までとし、前身頃中心に5個のボタンが付く。素材はシルク、麻、綿で、冬は黒色で、夏は白色前身頃のボタンは5つ（資料10の第六図）。

（二）ズボン：ズボンの長さは、くるぶしまで。素材は上着と同じ（資料10の第七図）

（三）帽子：第一条の（三）号の規定と同じ。

（四）コート：形は、テーラー襟のシングルデザインのコート。前丈はひざ下まで。袖丈は中の上着の袖丈と同様。素材はシルク、麻、綿、ウール等（資料10の第八図）。

　清末まで続いた制度としての中国式服飾は、1912年に布告された服制条例により、長袍・馬掛は西洋式服装と共に、昼間着用の礼服となる。そして長袍馬掛を着用する時は、礼帽や靴服飾雑貨は西洋の物を使

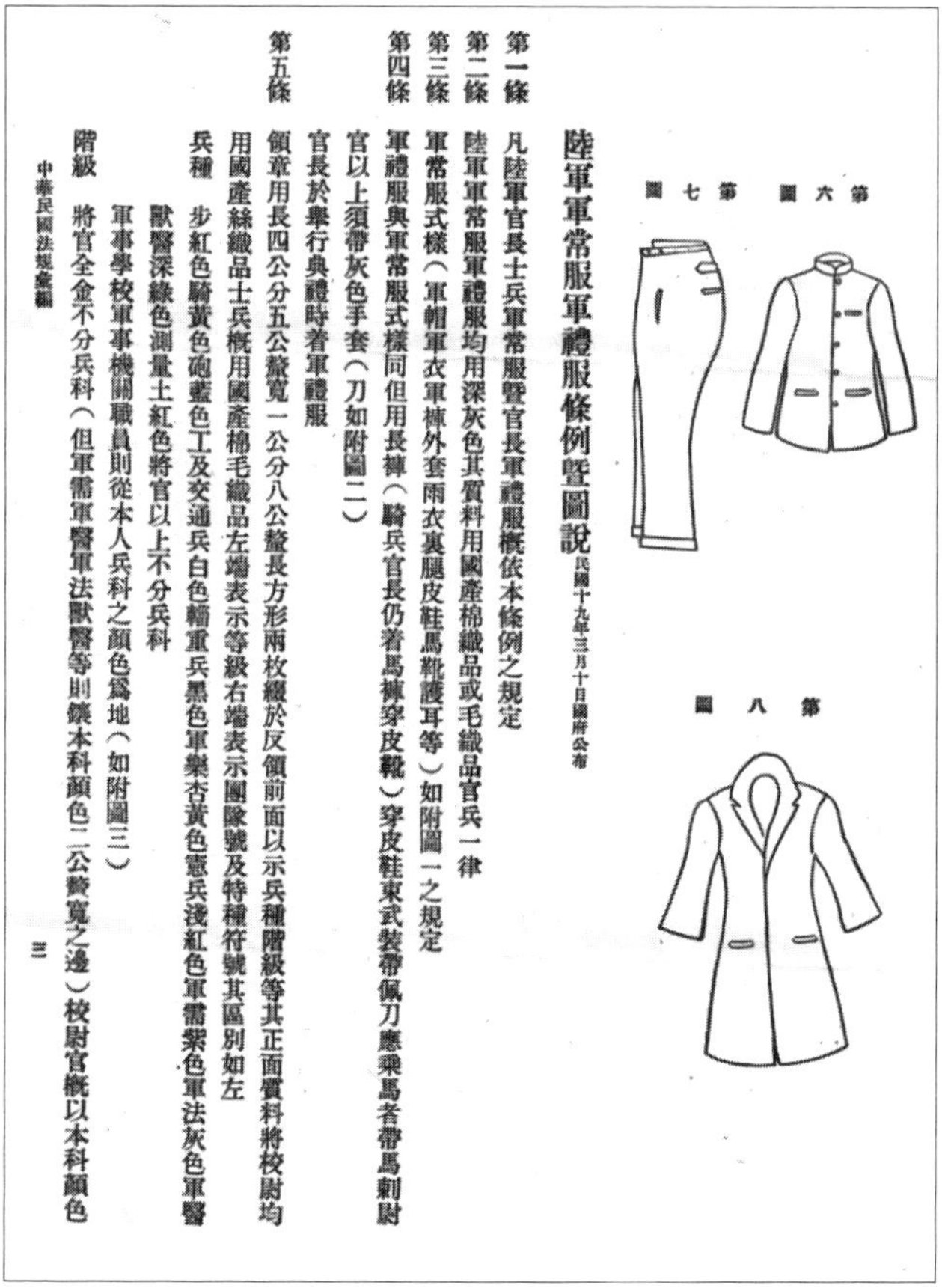

陸軍軍常服軍禮服條例暨圖說 民國十九年三月十日國府公布

第一條　凡陸軍官長士兵軍常服暨官長軍禮服概依本條例之規定
第二條　陸軍軍常服軍禮服均用深灰色其質料用國產棉織品或毛織品官兵一律
第三條　軍常服式樣（軍帽軍衣軍褲外套雨衣裹腿皮鞋馬靴護耳等）如附圖一之規定
第四條　軍禮服與軍常服式樣同但用長褲（騎兵官長仍着馬褲穿皮靴）穿皮鞋束武裝帶佩刀應乘馬者帶馬刺尉官以上須帶灰色手套（刀如附圖二）
官長於擧行典禮時着軍禮服
第五條　領章用長四公分五公釐寬一公分八公釐長方形兩枚綴於反領前面以示兵種階級等其正面質料將校尉均用國產絲織品士兵概用國產棉毛織品左端表示等級右端表示團隊號及特種符號其區別如左
兵種　步紅色騎黃色砲藍色工及交通兵白色輜重兵黑色軍樂杏黃色憲兵淺紅色軍需紫色軍法灰色軍醫獸醫深綠色測量士紅色將官以上不分兵科
軍事學校軍事機關職員則從本人兵科之顏色爲地（如附圖三）
階級　將官全金不分兵科（但軍需軍醫軍法獸醫等則鑲本科顏色二公釐寬之邊）校尉官概以本科顏色

中華民國法規彙編　三

資料10　服制条例(1929年)、制服
（出典：立法院編譯處編『中華民国法規彙編』、中華書局、1934年、10頁）

用しなければならなくなり、中洋混合のファッションとなった。しかし、この法令により中国式服装の長袍・馬褂は、新たに国内の礼服となり、西洋式服装の背広と中山服様式服装は外交上の礼服と定められた。ここで、初めて中山服は条令において、「中山服様式」と存在が位置づけられ、中山服は、南京国民政府服飾制度に収められた。1912年の服制条例によって、長袍は中国の服飾社会に影をひそめていたが、この服飾法令により中国の服飾社会に再度出現することになり、長袍の愛用者は時を選ばず自由に着用できるようになった。

そして、1928年11月4日、中山服様式デザインを制服に採用した警察制服条例が規定された。その翌年、1929年4月16日、国府公布により新服制条例が規定された。この新しい規定は、国民政府として服制の総括を進める手段であった。それによって、国民政府は男女礼服及び男女公務員制服の2種類を規定した。具体的な内容は、礼服、制服、常服の体系の展開である。民国元年の服制条例では外交的な男子の礼服は西洋式服装であったが、新服制条例では中国国内での男子の礼服は長袍となる。また、男子の公務員制服は一重仕立ての中山服様式デザインで、活動しやすい服装となり、学生服も中山服様式デザインとなる。しかし、中山服は、西洋式服装と併用しても良いという事になる。明らかに、中山服は西洋服と同じような扱いとなった。

なお、中山服は孫文の考案により中国の服飾社会に出現した服装であるから、孫文は、三民主義と共に中国服飾社会において、国民に着用する服装として広めた。孫文の死後、国民党の党首となった蒋介石は、孫文の意志を受け継いで、服飾制度として中山服を位置づけていったとされる。中山服は、蒋介石の政治力で商品化され、西洋式服装として背広と共に外交上の服となり、当面公務員の制服となる。長袍は、中国において、服飾制度が変わっても国民に継承されている。

新服制条例が規定されてから、長袍・馬掛は、中国国内の礼服となったが、その長袍の襟は、１９２９年、修正の草案が出てから規定というより襟幅の大きさに変化を付け、長袍の華やかさを表現し、新たに中国の服飾社会に出現した。国民政府は、中国式服装である長袍と西洋式服装の背広、そして中山服を礼服と公務員の制服の二種類に規定した。中山服は、着やすく、経済的で、弾力性があり、中国国産の生地を使用して作成すると限られていた。また、男子の服装は、制服に規定があり、学生服の上着は西洋服の上着であり、ズボンは背広のスラックス、帽子は甲、乙型、軍隊帽等であった。中山服の規定は、正式な服装として中国の服飾社会に強化して行ったことになる（民国期の男子の服装は、中国式から西洋式に発展していった）。

既に述べたことだが、長袍の襟を大きく修正する草案が出されたのは、民国中頃に入ってからである。とくに長袍を着用する中国人が増えていった。中国式服装の着用状況は、冬、秋は長袍、春、夏には長衫、防寒着には馬掛や馬甲と季節に合わせて衣服を選ぶことができた。中国式服装は、着なれている中国人にとっては、とても便利であり、季節に合わせて選ぶことができるため、それを着用する事で楽しく過ごすことができる服装であった。その当時、中山服は、背広と共に礼服として着用する国民が増え、公務員の制服にも着用されるようになった。中国式服装の長袍は、西洋式服装と同じ常礼服となっていった。このように民国期において、中国式服装と西洋式服装は、中国の服飾社会で平等に扱われ着用されるようになった。

民国期中、服飾法令が２度改定された。その内容を表１にまとめて、以下に示す。それにより、中国の服飾社会で双方の服装がどのように着用されてきたのかが明らかになると思われる。

表1　民国期の服制条例

年代	条例	条例の項目	長袍	中山服様式	背広
一九一二	民国服制条例（旧条例）	第一章第二条第一図 男子の礼服（大礼服） 昼、夜会服（西洋風の燕尾服）			○
		第一章第三条第二図 男子の礼服甲（西洋服）			○
		第一章第三条第三図 男子の礼服乙（長袍馬掛）	○		
		第一章第三条第四図 男子の礼服甲と帽子 （西洋式服装＋服飾は全て西洋式）			○
		第一章第三条第五図 男子の礼服乙と帽子（長袍＋西洋帽）	○		
		第一章第四条 男子の喪服（大礼服と常礼服の着用時は左腕に腕章を付ける）	○		○
一九二八	警察制服条例	第二章制服第四条 警察の制服（中山服様式）		○	
一九二九	新服制条例（新条例）	第一章第一条 男子礼服（国内のみでの着用礼服）長袍	○		

一九二九	新服制条例（新条例）	第一章第三条 国際関係の服装（中山服様式と背広）		○	○
		第二章制服 男子公務委員の制服（中山服様式）		○	

表1では、1912年の服制条例を旧とし、1929年の服制条例を新とし、条項を示したものである。旧の条例は、礼服改正の規定が中心であった。その頃の中国は、西洋の風が入り始め、避けては通れない列強国との付き合いが服装にも影響した。民国期は、服装の革命でもあった。旧の条例において長袍は、中国の服飾社会で存在感が薄れていった。しかし、実際には大礼服が西洋式服装になっただけで、長袍・馬褂は常礼服として位置づけられており、中国人の支配階級や知識人の間で愛用されていた。但し服飾は、原則として西洋式服飾を身に着ける規定となった。

また、西洋式服装は、大礼服と常礼服に位置づけられた。官僚の服装は、外交的に有利で活動的な服装に切り替わっていった。外交官の服装をはじめとして、航空関係、警察など、民国政府にとっては外交的に関わる職場の制服を改正した。

1925年3月、孫文が死去した後、西洋式服装を率先していた中国の服飾社会に変化が生じ、長い間継続していた長袍が新条例の発布で中国人の着用状況がさらに進んだ。新条例では、一般の人たちの制服に力を入れるようになる。中山服は多くの中国の服飾社会の制服に採用されるようになる。中山服様式の服装が多くの人たちに制服として採用されるようになると、活動しやすい服として中山服に関心を持つ国民が増えていった。しかし、旧、新の条例共に「中山服」という条例の項目は見当たらなかった。そのことに関して、卞向阳氏は「本質的には中山服様式が流行っていた。当時の条例の中には、「中山服」に関しての規定はなかった。しかし、1927年3月26日の『民国日報』中に、栄昌祥店の広告に中山服の広告があった。そして民国後期、上海の大多数の服装店の広告に中山服の広告があった。」と、『中国近現代海派服装史』で述べている。[1]

民国期の服飾制度は、数十年にわたり、改正がおこなわれ、政治状況にさらされてきた。しかし総合的には、思想や流派は、重なり合いながら受け継がれていった。当時の中国の服飾社会での男子服装の着用状況は、中国から西洋の方向に沿って発展し、中国と西洋は併存と平等の思想を装い、長袍と中山服は民国の中国の服飾社会に広まっていった。[2]

第3節●長袍と中山服

本節は、清末から民国期において、中国の服飾社会で活躍した男子の服装について考察した事柄を時代背景に沿って3つに分析したものである。その内容を年代別の表にまとめ、データーをリストアップし、論中に掲げることにする。主に中国の服飾社会で、長年引き続いて着用されている中国式服飾（長袍、長衫）と中山服を中心に考察する。そして写真や文字資料の収集は、「生活類」と「政治類」や「その他」に分類することにする。

表に掲げた内容を参照し、時系列に沿って収集した内容を分析、中国式服装と西洋式服装のそれぞれの広がりについて、また、相反する内容を検証し、比較しながら項目ごとに中国人の男子の服装の着用状況と活動状況について解説していく。なお、第一節で述べたように、民国期は、2度にわたり服制条例が公布され、中国の国民が服飾社会で少なくとも服飾に関心を持たざるを得なかった服装状況であった。それらの事を今回の表から、中国の服飾社会で国民がどのように意識して（文字資料による）長袍や中山服を着用し、活用したのか、写真資料90枚くらいを収集したが、本紙の掲載都合上32枚にまで集約し、その状況を明らかにしていく。

1　生活

「表1-1　生活—孫文と宋慶齢」では、孫文と宋慶齢の私的な写真を6枚収集した。この表から考えられることは、孫文はその時々に自分の参加する会、状況に応じて着用する衣服を選んでいる。もちろん時代や社会背景に伴ってであるが、孫文は出向く場所、家庭でくつろぐ時など、状況に応じて着用する衣服が異なっている。写真1—1—1は、同盟会関係の会へ出席した時の服装状況である。西洋式服装の三つ揃い背広を着用している。写真1—1—2、では、孫文は立ち襟で前中心6つのボタン、外ポケットなしの企領文装を着用している。中山服に関しての参考文献によると、企領文装のデザインは、孫文発案の中山服のデザインに採り入れていると中山服の多くの参考文献に記載されている。写真で見る限りでは、企領文装と中山服の全体像はよく似ている。第二章にも掲げたが、企領文装は、華僑が外国から中国に持ち帰ったデザインとされ、孫文は、企領文装の服装を、愛用したとされている。写真1—1—4によると1924年頃、孫文は公の席に前中心に7つボタン付きの中山服を着用している。公の席に着用するようになったのは、写真の資料からの考察では、中山服の登場からだいぶ時間がかかっていることになる。また、写真I—1—3の写真に掲載されているように、孫文は学生服に関心があり、時々、学生服の上着を着用していた。この写真は、

表 1-1　生活—孫文と宋慶齢

1-1-1	1-1-2

孫文 年代：1906 年。撮影場所：日本 孫文は、西洋式服装の背広の種類で三つ揃いのタキシードを着用する。東京で中国同盟会を成立する。 （出典：萬仁元『孫中山與国民革命』台湾商務印書館股份有限公司、1994 年（香港。台湾出版）、15 頁。）	**孫文と宋慶齢** 年代：1911 年。撮影場所：広州 孫文は立ち襟、前中心 6 つのボタン、内ポケット付き（外ポケットなし）の企領文装を着用し、宋慶齢は中国式スカートと上着を着用する。 （出典：廖軍・許星『中国服飾百年』上海文化出版社、2009 年、87 頁。）
1-1-3	1-1-4

孫文 年代：1914 年。撮影場所：上海 当時、孫文は学生服が好きな服でもあった。上海で学生服を着用した。 （出典：袁仄，胡月『百年衣裳』、生活・読書・新知　三联書店、2010 年、117 頁）	**孫文と宋慶齢** 年代：1924 年。撮影場所：広州 孫文は前中心 7 つボタンの中山服を着用し、宋慶齢は短装を着用する。 （出典：袁仄，胡月『百年衣裳』、生活・読書・新知　三联書店、2010 年、115 頁）

1-1-5	1-1-6

孫文 年代：1924年春。撮影場所：上海 孫文は多忙時、長衫を着用する。中国国民党広州第一次全国代表大会。大会政綱制定党年。国民党組織改正。 （出典：萬仁元『孫中山與国民革命』台湾商務印書館股份有限公司、1994年（香港。台湾出版）、59頁）	**孫文と宋慶齢** 年代：1925年4月3日。撮影場所：孫文死去の数日前に北京で撮影。 孫文と宋慶麗は中国式衣服装を着用する。 梅屋庄吉に送られた孫文と宋慶齢の最後の写真。 （出典：趙軍、他5名執筆者『孫文・梅屋庄吉と長崎』長崎県・長崎市・長崎歴史博物館、2011年、75頁）

孫文の学生服を着用した写真である。また、写真1―1―5、6の写真で見られるように長袍・馬褂をも着用している。

以上、「表1―1　生活―孫文と宋慶齢」を参照した結果、孫文の中洋式衣服の着用状況を分析し、解説した。中国人にとって中国伝統衣裳は、自然な着こなしができる衣裳であるから、孫文と宋慶齢にとっても長袍は身近に着用できる衣裳であったことがわかる。しかし、長袍、長衫は、着丈が長いので、活動的でないと孫文は思ったのではないだろうか。ゆえに、孫文は、中国の人々が親しみやすく、動きやすい理想的な服装として中山服を発案し、中国の服飾社会に登場させている。

「表1―2　生活―中国の結婚式」では、漢民族の婚礼様式について写真を収集した資料を以下に論述する。中国の結婚式は、男性側が礼として婚礼の前に伝統の慣習として仲

表 1-2　生活―中国の結婚式

1-2-1 	1-2-2 
曽国藩の孫娘 年代：清末期。撮影場所：不明 曽国藩の孫娘の結婚式 （出典：袁仄，胡月『百年衣裳』、生活・読書・新知　三联書店、2010 年、236 頁）	**一般の中国人** 年代：民国初期。撮影場所：不明 新郎新婦は、中国式と西洋式の混合結婚式衣裳を着用する。新郎は西洋式帽子を被り、民国服制条例の規定に従っている。 （出典：袁仄，胡月『百年衣裳』、生活・読書・新知　三联書店、2010 年、236 頁）
1-2-3 	1-2-4 
孔祥熙（実業家、政治家）と宋靄齢 年代：1914 年。撮影場所：上海 新郎は、中国式服装の長袍・馬掛を、新婦は長袍を婚礼衣裳として着用したが、以後屋外に出て記念写真を撮る。 （出典：山東画報出版社『老照片』編辑部編『珍蔵版参　老照片』15 辑、山東画報出版社、2000 年、38 頁）	**蒋介石と宋美齢** 年代：1927 年。撮影場所：北京 新婦の豪華な結婚式のウェディングと、新郎の燕尾服を着用した姿。 （出典：袁仄，胡月『百年衣裳』、生活・読書・新知　三联書店、2010 年、239 頁）

1-2-5	1-2-6

上海、南京の市民たちの集団	**民国期集団結婚式**
年代：1935 年。撮影場所：上海 上海と南京政府の主催による、集団結婚式。新郎新婦は中国式服装と西洋式服装の混合結婚衣裳を着用する。 （出典：廖軍・許星『中国服飾百年』上海文化出版社、2009 年、109 頁）	年代：1947 年。撮影場所：上海 この会では、女性は西洋式ウェディングドレス、男性は背広もしくは中山服か軍服着用の決まりがあった。 （出典：袁仄，胡月『百年衣裳』、生活・読書・新知　三联書店、2010 年、241 頁）

人と一緒に女性の家へ結納を納めることが非常に重視されている。つまりアクセサリー、衣類、肉類（アヒル、豚肉など）、果物、餅などを男性は嫁の家に持っていくことになっているが、それは礼儀であり、慣習になっていた。女性は結婚する時、生活必需品の全ての物をできるだけ偶数の数だけ持っていく。布団は掛け布団と敷布団のセットで、4セットから8セットまで経済的に許す範囲で持参する。アクセサリーは24金、ヒスイ、メノウ、その他の宝石など数に限りはないが、銀だけは使わない。これらは全て、紅色の長方形の箱に入れる。結婚式の新郎新婦の婚礼準備は漢民族全て一緒であるが、各地域で婚礼様式は異なることもある。以上述べたことは中国本土の漢民族の婚礼様式である。[3]

冒頭で漢民族の婚礼様式について述べたが、この項目での結婚式写真収集の掲載枚数は6枚である。どのような婚礼衣裳を着用したのかを分析し解説する。清朝後半は、新婦のトップレスが赤い花柄でスカートとペチコートはトップレスと同じ赤色、腰回りに帯を巻き、銀と金との鈴を腰回りの両サイドに付け、新婦が歩くと鈴の音が響き、とても清純なささやきの音色が会場に伝わっていく。それを「響鈴裙（スカートで鈴が響く）」と言った。また、鈴はスカートの裾に100以上が付けられ、結婚式で新郎新婦が両親にご挨拶する時、会釈するごとに鈴が鳴り響いた。民国期になると、西洋式の結婚式が多くなり、婚礼服も洋式のウェディングドレスが増え華やかさが増してきた。また、中国伝統衣裳を婚礼着の着用者は、新郎が長袍馬褂を着用し、新婦は真っ赤な色の長袍を着用し、真っ白なベールをかけた様式を装う新郎新婦もいる。

1920年頃になると、新郎新婦にそれぞれ4人が付き人が「伴郎」が付く様式の結婚式が行われるようになり、伴郎は必ず長袍馬褂を着用しなければならなかった。当時、新郎に付き添った伴郎で有名な金岳霖は、長袍を持っていなかったので新郎の父親から長袍を借用して着用、結婚式に出席したとのことである。当時の結婚式に参加者は外国に留学していた友人が多かった。ゆえに、西洋式服装を着用する事が多くなり、中国式服装を持たなくなってきた。しかし中国社会においては、伝統に逆らえないということが現状であった。

写真1―2―3の教育者の孔祥熙は、アメリカへ留学した実業家であり、政治家でもあった。彼が中国に帰国し、西装（背広）を着用していて巷に出た時、その服装は田舎の人たちから見れば不思議な衣服で、笑われたそうである。皮の帽子は銅の盆のような帽子だと揶揄された。着用している衣服は真ん中が開いて、風通しの良い洋装である。コートは袍でもなく、中に短いシャツもない。靴は、ピカピカで鏡のようであり、歩くと音がする。「伝統の風習を破ることになる」と、孔祥熙は文献の中で述べている。[4] 民国初年頃の上海から少し行った地方では、まだまだ西洋式服装は見慣れなかったということが上記の文献の孔祥熙のコメントで理解できる。同時に、その地方の上海人の多くは、中国式服装の長袍馬褂を着用していたことになる。

1927年、写真1―2―4では、蒋介石（孫文がこの世を去ってからの国民党党首）と宋美齢（孫文の妻、宋慶齢の姉）の婚礼である。蒋介石の結婚式は、純粋な西洋式の結婚式となる。これは新婦の留学経歴と、宗教の影響でもあったといわれている。二人の結婚式は、西洋式と中国式と2回行われた。このような結婚式を行ったことにより、中国社会には、西洋式の華やかな結婚式という強い印象を与えた。それは、蒋介石の黒い燕尾服着用と宋美齢の白いウェディングドレスだったこと、結婚式の写真が新聞に載ると、それは若者たちへのあこがれとなり、それからは中国の服飾社会では西洋式ウェディングドレスが大流行となった　写真1―2―5は、1935年、上海で初めての集団結婚式の写真である。上海と南京政府による集団結婚式である。新郎と新婦は中国式服装と西洋式服装の混合結婚衣装を着用した。

写真1―2―6は、1947年頃の集団結婚式であった。1935年以後、集団結婚式は流行となった。当時、上海市政府は新生活運動に合わせるため、主催は社会局で、集団結婚式を行った。1937年まで、10数回行われ、1000組の婚約者が婚礼をあげた。集団結婚式の内容は、政府が企画運営した。応募者の市民には社会局から通達し参加規定を決めた。それは、新郎新婦が必ず決められた形と色の常礼服を着用することを命じた。新郎の礼服と同じ色のズボンと新婦のベール。具体的には新郎が青い長袍と黒い馬褂、そして青いズボンと白い靴下、黒いシルクの靴、白い手袋を身に着けることと定めた。女性は半袖の薄い赤い色の旗袍、シルクの灰色の靴下、白いベール、白の手袋を身に付け花束を持つ。女性の純粋さを強調するために髪の毛は一つにまとめて結い、ヒールの革靴を履くことが禁止された（質素を強調してのことと推測される）。最初に行われた上海市政府の集団結婚式から17年後、新郎は中山服もしくは背広か軍服を着用するよう結婚衣装を規定された。新婦は白のウェディングドレスである。[5] 千年以上続いた伝統的な婚礼様式は、民国は西洋式に切り替えられ、中国の若者たちは西洋の自由恋愛にあこがれるようになり、民国以後、現代の結婚

式の服装の様式に関わるようになっていく。そして、解放戦争後期に近づくと集団結婚式は流行らなくなった。[6]

以上、「表1―2　生活―結婚式」を参照し、表の内容を分析して明らかになったことは、支配階級の人たちや知識人たちの多くは、民国期までも慶弔には中国伝統衣裳を着用し続け、反対に若者たちは、華やかな西洋式の婚礼衣装を着用するようになっていく。衣裳が西洋化していくにしたがって、結婚式の写真は華やかな明るい雰囲気が映し出されるように思われるが、しかし、中国式服装の婚礼衣裳を着用することは、中国伝統の服装が重厚な雰囲気を醸し出し、豪華な結婚式が行われることになっていくことと推察する。

今回、「表1―2　生活―中国の結婚式」の内容を分析して明らかになったことは、民国期に入り、中国の服飾社会に急に西洋の様式が入るようになり、婚礼衣裳も若者たちは新しい西洋の様式を吸収して西洋式衣裳を受け入れていくようになる。それゆえ、特に目立って婚礼衣装の西洋式服装の着用状態が、１９２０年頃より民国にかけて急に多くなる。そのように中国の服飾社会は、中国式服装から西洋式服装に変化していくようになるが、支配階級に属している中国人や知識人は中国式服装の長袍馬褂や長衫を着なれていることもあり、慶事は写真で見る限りでは西洋式服装の着用者は少ないように見受けられた。清朝末から民国前半期までの婚礼衣装の写真紹介の中では、中山服着用の婚礼衣装はなく、出席者にも中山服着用者はなかった。ただ、「写真1―2―6」で、１９４7年の民国期集団結婚式において、男性の服装条件に背広、中山服や軍服と規定されていた。その写真を見ると、中山服を婚礼衣装に着用している花婿も数人写っている。現代にかけて、中山服が冠婚葬祭で、どのように着用されていくのかが今後の課題である。

「表1―3　生活―家族」では、年代別家族の20枚の集合写真の資料をリストアップしたものである。写真1―3―1は、清末の家族の写真である。幼児、少年と父親は、当時の服飾を物語る中国式服装の長袍を着用している。写真1―3―2は、民国期中頃の3人の家族である。母親と娘は、中国式服装の長袍と短装を着用しているが、父親は中山服を着用している。父親の中山服の左胸には、中山服の特長であるペン挿しのポケットがあり、そこにペンが挿してある。

写真1―3―3は、当時の知識人揃いの一族と言われていた梅一族である。大人6人と子供3人含めて全員が長袍を着用している。この写真は、新服制条例の草案が下される前の年であるが、中国の伝統的な家庭、特に撮影場所が寒冷な地で襟のある服を好み、古くから中国の中心地であり昔からの風習を尊ぶ北京であることも要因にあるのではないだろうか。

写真は、朱培徳（政治家）の家族であるが、野外での記念撮影は母親だけ中国式服装の旗袍を着用している。写真1―3―5は、民国期の中頃から民国後半までの写真である。吉林省の一般家庭の家族の写真であるが、父親は中山服着用であるが母親は満州族の服装で写真に写ってウイル。5人全員が寒い地方であるので綿入れの服を着用している。この時期になると西洋式服装が中山服に代わり、中学、高校生たちは、中山服様式の服装を着用している写真がほとんどである。しかし、大人たちは中国伝統服装の長袍・馬褂や長衫を着用している。写真1―3―6の写真の撮影場所は上海であり、登場人物は、上海でかなりの有名人である。『悲しい家族の物語』の作者である孫蔵とその父母と弟である。孫蔵の父親は中山服を着用し（撮影年代は1945年）、残りの家族3人は西洋式服装を着用している。「表1―3　生活―家族」の写真収集の中で、中国伝統家庭紹介の男性（撮影年代1920年）と写真1―3―6に収まっている孫蔵の写真の2枚だけは、中山服を着用している。左胸のポケットには、ペン挿しが備わっていてペンが挿されている。

以上の表は時系列に沿って、中国の中流家庭の紹介と服飾の着用状況を明らかにした。登場人物の滞在す

表1-3　生活―家族

1-3-1	1-3-2

謝氷心（左）、謝為涵（中）と父親（右）。謝氷心（作家）の幼少の頃の父と弟 年代：1908 年　撮影場所：山東省烟台 中国式服装の長袍を着用する父親と子供たち。 （出典：丁錫強『中華男装』、上海世紀出版股份有限公司学林出版社、2013 年、242 頁）	**中国人の伝統家庭の家族** 年代：1920 年。撮影場所：不明 新思想を受けた伝統家庭の、影響した新旧服装の家族の着用状況。父親は中山服着用、母親は旗袍、娘は短装を着用の家族の服装状況である。 （出典：袁仄・胡月『百年衣裳』、―20 世紀中国服装流変―、生活・読書・新知　三联書店、2010 年、第 3 章のグラビア）
1-3-3	1-3-4

梅一族（中国の知識人揃いの一族） 年代；1928 年。撮影場所：北京 9 人全員が長袍を着用する。 梅一族は知識人揃いで秀才一族と言われている。早くから中国の教育市場で重要な地位を築き、清華工学院、農業、航空、無線、電気、国の主な情報の五代研究所を作る。 （出典：山東画報出版社『老照片』編辑部編『珍蔵版壱　老照片』、山東画報出版社、1998 年、29 頁）	**朱培徳の家族（夫婦と 8 人の子供）** 年代：1935 年。撮影場所：江西省庐山牯岭 全員、西洋式服装を着用している。 （出典：山東画報出版社『老照片』编辑部『珍蔵版肆　老照片』、19 辑、山東画報出版社、2001 年、49 頁）

1-3-5	1-3-6

吉林省抚松県の一般家庭 年代：1942年。撮影場所：吉林省 寒い地方の生活なのか、5人全員が綿入れの長袍を着用している。 （出典：山東画報出版社『老照片』編辑部編『珍蔵版弐　老照片』、10辑、山東画報出版社、1999年、104頁）	**『悲しい家族の物語』の作者孫葳**と家族**孫葳の父母と弟。幼少の頃の孫葳（前列の右）** 年代：1945年。撮影場所：上海 父親は中山服着用。国民党と共産党の戦いの中で、孫葳は中心人物として闘争、戦死する。彼は日本の帝国大学を卒業している。 （出典：山東画報出版社『老照片』編辑部編『珍蔵版肆　老照片』、19辑、山東画報出版社、2002年、86頁）

る環境、特に住んでいた場所によって日常着用する衣服がそれぞれ異なっている。しかし実は、この表の写真に収まっている人たちのほとんどは、裕福な家庭がほとんどである。彼らは、中国伝統の風習を守りながら、それを習慣として生活のサイクルとしている。服装に関しても、伝統服飾を守りながら日常生活を送っていたと伺える。時代の先端を歩んでいる中流階級の経営者は、西洋化に向い、社会状況に合わせて服装を着用している。そして、慶弔事は、本来、中国人が理想とする伝統服装を着用する事が習慣づいているのではと、垣間見る思いがした。表の写真の内容を整理すると、北京では、中国式服装の長袍や長衫の着用者が多く、上海は西洋式服装の背広や中山服風の服を着て写真に収まる家族が多く見受けられた。しかし中流階級の知識人は、上記に述べたように中国式服装の長袍

は、彼らの貴重な伝統衣裳であることが政治的、社会的、経済的、文化的面で、服装ジャンルの着用変化はあるかもしれないが、中国の服飾社会での貴重な中国伝統服飾への中国人の関心は変わらない。

本節では、清末から民国末期までの中国で、男子の服装は中国人にどのように着用されているかを検証している。住環境により、どのように服装が変わっていったのかも考察の対象にした。北京は学問、政治に関わる人たちが多く在住、風土も北方よりで漢民族が集中する場所でもあるため、中国式服装が自然と身につき着用されることになった。反面、港が存在する上海は、海外の文化に触れる機会が多く、服飾にも常に新しい風が入り、東洋式から西洋式と多くの文化の要素を採りいれることになった。そして、時代の移りかわりと共に、服飾の世界も移り変わっていくということである。

2　政治

「表2―政治」は、中国国内政治に関わる内容と、それにまつわる清末から民国期までの男子の服装（主に長袍と中山服）で、6枚の資料をリストアップしたものである。

写真2―1は、1907年、孫文と同志たちとの集合写真である。秋瑾の葬儀後[7]、列席者の集合写真であるが、服装は黒色や白色の中国の基本的なカラーの中国式喪服を着用している。写真2―2では、同志との記念写真であるが、2枚とも、孫文は西洋式服装の背広を着用し、共に携わっている人々は、中国式服装の長袍の着用者が多いのである。写真2―3は、孫文が中華民国臨時総統に任命されたとき、総統府事務所入り口前で5つのボタン付き、折れ襟の中山服を着用している写真である。

写真2―4は、黄　陸軍師範学校設立当時の写真である。この写真は孫文が開港にちなんで中山服を着用して祝辞を述べている。写真2―5では、主宰の蒋介石は、国民党二回五中全会議で長袍を着用して集合写

表２―政治

2 − 1	2-2

孫文と諸同志 年代：1907 年。撮影場所：南京 秋瑾の葬儀後、彼女を偲んで同志たちが集まって写真を撮る。 出典：萬仁元『孫中山與国民革命』、台湾商務印書舘股份有限公司、1994 年（香港・台湾初版）、24 − 25 頁	**孫文と山東済南に行き現地での迎えの人たち** 年代：1912 年。撮影場所：済南 孫文は西洋式服装の背広を着用して、済南へ視察に行く。 出典：山東画報出版社『老照片』編辑部編『珍蔵版壹　老照片』、3 辑、山東画報出版社、2000 年、97 頁。
2-3	2-4

孫文 年代：1912 年１月。撮影場所：南京総統府事務所前入口の階段 孫文は、立ち襟に前中心に５つのボタン付きの中山服を着用して中国の服飾社会に出現した。 出典：南京の総統府の提示を、2009 年８月に筆者撮影。	**孫文と宋慶齢、その他関係者** 年代：1924 年。撮影場所：広州 孫文は中山服を着用する。壇上に孫文と宋慶齢が立ち、孫文は開校の祝辞を述べる。なお、蒋介石は黄埔陸軍師範学校の校長となる。 出典：萬仁元『孫中山與国民革命』、台湾商務印書舘股份有限公司、1994 年（香港・台湾初版）、64 頁。

2-5	2-6

胡漢民他政府中心人物 年代：1927年。撮影場所：南京 政府代表の長老たちは、前列に座っているが、その長老の中、6人は中国式服装の長袍を着用している。また、その他の多くの人は西洋式服装の背広、軍服を着用している。 出典：南京の総統府の掲示を、2009年8月に筆者撮影。	**重慶にて会談時の蒋介石と毛沢東** 年代：1946。撮影場所：重慶 蒋介石と毛沢東は、前中心5つボタンの中山服を着用する。 出典：胡波『中山装』、広東省出版集団・広東人民出版社、2008、82頁。

真に写っている。35人中、18人が長袍を着用し、11人が中山服、6人が背広を着用している。写真2—6は、重慶で談判時の蒋介石と毛沢東であるが、両者共、孫文発案の前中心5つのボタン、折れ襟の中山服を着用している。[8]

以上、「表2—政治」は、中国国内の政治に関わる人々の集まりにおける、中国式服飾と西洋式服飾の着用状況を検証した。

先に述べた「1. 生活」の表では、中国の生活の中で男子の服装（主に長袍と中山服）がどのような着用状況だったのかについて検証した。中国式服装の代表である長袍や長衫は、中国の伝統服装ゆえ1950年頃までも中流階級の知識人や年輩の人たちに継続して着用されていた。反対に若者たちは、清末から中国の西洋文化が入り、外国の生活にあこがれて留学を試みる若者たちも増え、積極的に西洋式服装を着用している。

また、「2. 政治」では、政治に関わる会議での服装の着用状況であるから、参加している人たちは、生活上での文化の変化や過去の風習で服装を着用している「1．生活」との大きな相違点である。

国民党のリーダーとなった蒋介石は、公の席ではほとんど中山服を着用している。「表2　政治」では、当時の党派別集合写真に的を絞り、会議への出席者の服飾状態を考察した。

3　その他

「表3．その他」では、8枚の清末から民国期までの男子服の服飾状況についてのものである。その表の内容を参照すると、写真3―1は同盟会のメンバーである馬君武（同盟会事務局長）と孫文の記念写真である。孫文は、企領文装を着用している。写真3―2では、中華民国に力を尽くした6人の若者である。彼ら全員が、中国伝統衣裳の長袍・馬褂を着用しているが、彼らの政治信念を考えると生活の理想は既に洋風化しているのではないだろうかと思われる。写真で見る限りでは、彼らの長袍・馬褂の着用状況は今まで参照してきた中で、とても清楚な着こなしに見える。写真3―3は、辛亥革命前期頃、あるサリーマン達の服飾着用状況の写真である。この資料を参照すると、西洋式服装の背広を着用する人たちが多くなり、服の色の傾向も淡い色のさわやかな色合いが流行るようになったことが明らかになった。20人中、6人が長袍を着用し、14人が背広を着用している。背広が流行ったのは、主に西洋文明が中国に入ってきた影響であると参考文献に書かれている。
表3―4は、民国初期にロシアへ留学した上海在住の中国人4人の留学である。彼らは、全員、白い色の背広を着用している。スタイルは礼服帽を被り、背広を着て、ネクタイを締めている。また、イギリスの紳士スタイルのステッキを腕にかけ、金縁眼鏡をかけ、靴先がとがった革靴を履いている。彼らは、完全に西洋紳士スタイルに変身して、彼らの身についたファッションとなって写っている。写真3―5は、１９１９

表３—その他

3-1	3-2

孫文（左）と馬君武（同盟会メンバー） 年代：1905年。撮影場所：東京 孫文は初版の中山服を着用して中国の服飾社会に出現する。（立ち襟、前中心9つのボタン付き）（出典：南京の総統府の掲示にて、2009年8月に筆者撮影）	**中華民国に力を尽くしていく若者たち** 年代：1908年。撮影場所：上海 全員が中国式服装の長袍馬褂を着用する。しかし、彼らと一緒に撮影しているインテリアの装飾は西洋の舶来品ばかりである。 （出典：Antonia Finnane Changing Clothes in China New York Columbia Universcity、2000年）
3-3	3-4

サラリーマンたち 年代：辛亥革命前期。撮影場所：上海 20人中、西洋式服装の背広を着用する人が多くなり、服の色の傾向も薄い色が流行してきた。 出典：廖军・许星『中国服飾百年』、上海文化出版社、2009年、88頁。	**ロシアへ留学した上海の4人** 年代：民国初期。撮影場所：上海 全員、西洋式服装の背広（白色）を着用する。 （出典：丁錫強『中華男装』、上海世紀出版股份有限公司学林出版社、2013年、226頁）

3-5	3-6

上海周辺の人々 年代：1919年。撮影場所：上海 全員、西式服装の背広を着用する。背広は上海の上流階級のファッションとなる。 （出典：廖军・许星『中国服飾百年』、上海文化出版社、2009年、76頁）	**魯迅と蔡元培（教育部指導者で革命政府の実力者）とジョージ・バーナード・ショー（1925年、ノーベル文学賞受賞者）** 年代：1933年。撮影場所：不明 魯迅と蔡元培は長袍を着用し、ジョージ・バーナード・ショーは背広を着用している。 （出典：潘光哲『何妨是書生』、広西師範大学出版社、2010年、6頁）
3-7	3-8

長衫が身についた生活書店の職員たち 年代：1937年　撮影場所：上海 上品で元気な若者たちは、長衫を着用する。9人中、長衫は6人着用し、中山服が2人、背広1人着用している。 出典：廖军・许星『中国服飾百年』、上海文化出版社、2009年、90頁。	**陳力新、李梅彬、李达、陳樹人** 年代：1949年。撮影場所：香港 中華人民共和国になる前の4月、陳力新、李梅彬、李达、陳樹人の4人は、香港を訪れた。4人中、2人が中山服、2人が背広を着用する。 出典：山東画報出版社『老照片』編辑部編『珍蔵版壱　老照片』、4辑、山東画報出版社、1998年、56頁。

年頃、上海十里場にある社交場のダンスホールの写真である。この当時は、上海周辺の上流階級の社交の場にあったダンスホールが開業された。中国人の服装は、日々西洋化されていった。そして、彼らの着用状況は、3種類の着用方式がある。つまり中国の伝統様式、西洋式、中洋混合の3種類であった。中国式は男子が長袍・馬褂、瓜皮帽、皮鞋である。この服装の人々は、ほとんど現地の商人であり、或は資産家であった。西洋式の背広は、ますます都市で普及し、青年男子のファッションとして20年代後期、盛り上がっていった。レストランや、映画、ダンスパーティに行く際、彼らは必ず背広を着用して行った。ネクタイ、蝶ネクタイ、髪はセットし、ピカピカに磨いた革靴をはいた。夏の衣服の色は、白色かグレー、冬は黒色、紺色である。同時に文明棍兒（文明スティック）を持ち、身分を表した。中山服は主に官僚が着用し、学生は学生服を着用した。中高年は、中国式服装の長袍・馬褂を着用した。

写真3—6は、1933年に撮影された。魯迅（文学者）と蔡元培（政治家）とジョージ・バーナード・ショー（1925年　ノーベル文学賞受賞者）の写真である。魯迅と蔡元培は中国の知識者であるから中国の伝統衣裳である長袍を着用しているが、ショーは母国の背広スーツスタイルで写真に収まっている。

写真3—7は、上海の生活書店社員の仲間たちの集合写真である。若者たちは、9人中、6人が長衫を着用し、2人が中山服を着用し、1人が背広を着用している。彼らは時代の先端の職業についているが、記念写真となると、中国伝統衣裳の長衫を着用している。

写真3—8は、マスメディアの仲間で中国本土から香港へ視察旅行に出かけた記念写真である。2枚の写真中、2人だけが中山服を着用しているが、残りの全員、西洋式服装の背広を着用している。香港へ視察に行った4人の仲間の中に湖南から香港へ行った李达（政治家）がいる。彼は、香港滞在中、香港の市場で背広のスーツと礼帽を試着し、気に入ったので購入した。彼は、その場で長袍を脱ぎ、香港から買い物をした

背広のスーツと礼帽とを着用して、そのまま中国に帰国したとされる。「表3—その他」を参照する中で、白色の長衫が、若者の衣裳として多く着用されているのが目に留まる。長衫は、民国にかけて長年愛用してきた長袍着用者も、多くの中国の若者たちと共に、春、夏と一重仕立ての軽くて着やすい長衫を愛用していたことが明らかになる。

長袍と長衫は、中国人の中流家庭や知識人のほとんどが愛用していた。なお、公の場所に入る時、長衫を着用することを義務づけられた場所があった。それは、北京国立図書館が設立（1928年）されてから30年代に入り、入館する時、図書館には沢山のルールができた。その一つとして入館時、服装の規定が定められ、「北京国立図書館の入館時の衣服着用条件」というタイトルが掲げられた。入館時の規定を掲載している文献に、体験者のコメントが掲げている文献が見つかったのでその内容を後述する。「北京図書館に入る時、服装の着用条件が下された。それは、入館者が中国の服装を着用して入館するときは、いくら貧乏な学生でも、着丈の長い長衫を着用しなければならない。西洋式の服装を着用する時、シャツは、ズボンの中に入れなければ入館できない。[9]」という規定があった。当時の中国の服飾社会での長袍と長衫は正装着の位置付けでもあったことが明らかである

政治的色彩を帯びている中山服は、「上下分離型」の衣服であるから、若者にとっては着やすい服装であると理解するが、写真のリストの中では数少ない写真しか見当たらなかった。

「表3—その他」の写真の内容を参照することで、当時の中山服の存在が見えてきた。1935年前後より、中山服は若者たちの集まりの席に顔を出すことになる。新服制条例が布告された事で、中山服様式デザインは公務員の制服に採用され、上下の着やすい服として中山服様式の制服を公務員や中学生が着用することになる。そのような服飾状況は、若者たちの、中山服への関心を示す状況になっていったと理解する。中山服

の着用状況は、今後の課題である。

4　第3節の「長袍と中山服」まとめ

今回、写真資料の分析から、いくつかの事柄が解明できた。まず、中国人の間で民国までも多くの人たちに愛用されてきた中国式服装の長袍馬掛や長衫は、なぜ、長い間、中国服飾社会で存在し続けたのか。それは、中国の気候と風土、長年の風習により中高年の人々が愛用し続けたのではないか。背広と中山服は、仕立てる時、アイロンを使用するが、長袍・馬掛や長衫の仕立ては手仕事が多く、長衣であるから縫う部分が少なく、西洋式の上下服と比べて手がかからない。素材によっては、アイロンかけの必要がないので手間がかからなくて重宝がられた。それらはストレートのデザインであるから、着やすさも理解されているのではないかと推察する。長袍・馬掛や長衫の着用者は、保守的で温厚に見え、頼れる服装になる。特に民国時代までは、長袍馬掛を着用していることで、商売の取引は信用を得たということである（長袍・馬掛の着用者は、一般的に支配者階級や知識人である）[10]。

一方、資料収集して補足することをいくつか以下に述べる。20世紀初め、清政府は軍隊の服装を改革化し、西洋式を採り入れた。辛亥革命前期は、革命党の人たちが積極的に新しい背広のメリットを宣伝し、背広の着用状況を象徴し、国が進めた。服飾状態の変化をもたらすことは、社会改革の一つの重要なことであった。また、「断辮髪命令」の期間、臨時大総統の孫文は、満州族式の服飾を廃止する命令を下している。髪を短くして活動的な西洋式服装を着用することは、清潔感と、活動的な雰囲気がかもしだされることになる。このことは、新しい雰囲気を中国の服飾社会へ送り出すことになったのである。

孫文発案の中山服が出現してから、孫文は重要な場所の全てに中山服を着用して出席したとみられる。例えば、1916年8月22日、孫文は寧波で演説したが、その時も中山服を着用した。孫文の当日の着こなしによって、寧波の人たちは孫文の演説に対して熱意と闘志を燃やした。孫文は、各公会の場所へ行く度に、中山服を着用して行き、目的と任務を明白化した。中山服は、新服制条例の制定以後、中山服様式を採り入れたいくつかの服装がある。その一つに外交上の服装があり、背広と共に外交上の服装となる。その服装は政治的色彩を帯びながら、中国の服飾社会で存続した。民国の中山服様式は、公務員の制服に採用され、また、中山服様式デザインは小、中、高等学校の制服にも採用されたので、上下の活動着として活性化した服装となり、中国の人々の間で注目されるようになった。

収集した写真を参照し、総括すると、男子の服装の代表である長袍と中山服はデザイン様式が対照的である。中国の服飾社会において、双方はそれぞれの用途、住んでいる場所、環境、生活レベルにおいて、着用される状況が相反することが多かった。なお、中国は広大な土地を有し、多くの国民がそれぞれの環境と風土や習慣によって服飾状態が違うことが、今回の写真資料から読み取れた。特に北京は、北方に位置していることもあり、家族の集合写真では、長袍・馬褂を着用している男子の服装が多かった。しかし、上海では民国初期から、大人は西洋式服装を着用して写真に収まっている人たちが多く、子供は西洋式服装のセーター、ブラウス、半ズボンと現代と変わらぬファッションで写真に収まっていた。

「表1―2　生活―中国の結婚式」では、全体の写真資料収集の内容は富裕層が多かった。特に今回の年代調査対象である清末から民国期にかけては、写真を撮れる層は限られ、データが保存されている層は限られる。そのような意味で、データの収集と数は限定されることになる。それゆえ、本章のテーマに合わせてのデータの解説は、限られた収集になるので余り変化はない内容になる。6枚の写真収集では、結婚式という慶事であるから、伝統的なことゆえ、出席者の多くは中国式服飾が多い。また、年代が新しくなるにつれて、西洋式服装も少し見かけるようになる。しかし、新郎の結婚衣装は、民国末にかけて西洋式服装のモーニングの着用者もいたが、ほとんどは中国伝統衣裳の長袍・馬褂が着用されていた。

「表2—政治」では、政治中心の写真収集の全体を参照すると、どの写真もイデオロギーに合わせて服装の着用状況が決まっている。１９２８年と１９２９年の国民政府の集会は、長袍と中山服や背広の着用者が混ざっている。しかし、掲載はされていないが収集した中で１９４６年の重慶国民政府の集まりでは、85人中、長袍が１人、背広が数人、圧倒的に中山服の着用者が多かった。また、１９４８年の国民政府の代表者会議の時の写真は、南京で開催され、やはり中山服の着用者が多いことが写真にて伺われるが、これは、蔣介石が国民党の主席になり、中山服は国民党の男子服装のシンボルである事が実証されていることになる。

「表3—その他」では、時代と共に移り変わっていく、人々の服装の着用状況が明らかになった。特に、中国の北方の北京と南方の上海周辺の中国人の着用状況が大きく違っている。また、職業によっても着用している服装が大きく違っていた。しかし、世代は変化しても民国まで中国人が愛用し続けている服装は、中国式服装の長袍や長衫である事は明らかである。現在、日本人が着物の世界から離れているように見えるのは、自分で着付けできない人が多いため、着物はタンスの中に保存されていることが多いのが現状である。中洋混合の中山服は、活動的な服装ゆえ、世代を越えて重宝がられることにはなる。中山服は、政治的色彩を帯びた服装のため、気楽に着られる服装にはならなかった。西洋式服装の背広は、写真収集から見る限り、特に民国期にかけては、西洋の服装として着用されていたが、年代と共に自然に中国人の自由な服装として着用されるようになる。

以上、清末から20世紀前半期まで中国人の男子服装着用状況を研究し、考察した内容を言及し明らかにした。

注

1　卞向阳『中国近現代海派服装史』。东华大学出版社、2014年、261頁。
2　前掲、廖军・许星『中国服飾百年』、上海文化出版社、2008年、83頁。
3　前景、袁仄・胡月『百年衣裳』―20世紀中国服装流変―、生活・読書・新知　三联書店、2010年、235頁。
4　山東画報出版社『老照片』編辑部編『珍蔵叁　老照片』第十五辑、山東画報出版社、2000年、、38頁。
5　前掲、袁仄・胡月『百年衣裳』―20世紀中国服装流変―、生活・読書・新知、241頁。
6　前掲、袁仄・胡月『百年衣裳』―20世紀中国服装流変―、生活・読書・新知、241頁。
7　秋瑾は中国の女権と女学思想の指導者であり、近代革命同志である。（1875年～1907年7月15日）
8　重慶談判は、1945年8月から10月にかけて、重慶で行われた国民政府、共産党間の交渉。当時、蒋介石は中国国民政府主席であり、毛沢東は、中國共産党初代中央委員会主席である。なお、1945年8月30日に開かれた談判が長引き、「双十協定」としてまとめられたのは10月10日であった。
9　天児慧編、他5名『岩波現代中国事典』、岩波書店、1999年5月22日、248頁。
　邓云乡『文化古城旧馳』、河北教育出版社、2004年、181頁。
10　華梅『中国近現代服装史』、中国紡績出版社、2008年、77頁。

第4章　中華人民共和国誕生後の中国の服飾社会
―文化大革命終結までの男子服装について（1949〜1976）―

はじめに

第3章では、民国期に着用した男子服装について中国伝統衣裳の長袍・馬褂と孫文発案の中山服は、民国期において数十年にわたり「改正」が行われ、政治状況にさらされた。これらの服装は、総合的には、思想や流派が重なりあいながら後代へと受け継がれていった。当時の中国の服飾状況は、長袍・馬褂と中山服の着用は参加する場に応じて服装を合わせていた。例えば蔣介石は、長袍・馬褂を着用している時もあり、政治に関する会議の時は中山服を着用していた。支配層や知識人は、長袍・馬褂と中山服を共に着用していた。

清末まで、中国の服飾社会で長年愛用され続けてきた中国伝統衣裳である長袍は、大礼服の地位を民国期に入り民国服制条例によって西洋式服装に座を譲った。しかし、新服制条例では再度存在を取り戻し、国内の礼服となった。民国期になると、服飾も西洋の影響を受け、西洋式服装が人々の間で着用されるようになった。民国元年、孫文が臨時大総統に就任した時、孫文は中山服を自ら着用して世に出現した。それ以後、中山服は孫文の政治的思想が中国社会に広がっていき、民国期末まで中国の服飾社会で男子の服装として中国の人々に着用され続けていった。

本章では、本論の第1章から第3章まで述べてきた中国の男子服装の代表である「長袍」と「中山服」が中華人民共和国成立後、どのように中国の服飾社会に継続し、着用されていったのか、その変遷を明らかにする。また、この時代、解放戦争後、突如として中国の服飾社会に現れた幹部服がある。その幹部服は、政治の中心的な役割を担う官僚が着用する服装と区別するため国が作製したといわれている。幹部服のデザインは、中山服のデザインを採り入れ、シルエットは全く同じであった。そして中山服は政治の象徴の服装と言われ、幹部服は共産党のリーダーの服装と言われている。実際には、どのようなデザインで、どのような存在の人が着用したのか、また、その着用状況はどのような状況の時であったのか、時系列に沿って考察し明白化していく。それによって、中華人民共和国においての、中山服と幹部服の存在と着用状況によって当時の服飾の社会状況が理解できると考えられる。

なお、革命の象徴となった中山服については、中山服様式の服装が数多く作製され、中国国民の着衣となる。中山服を基本にして展開した活動着は、軍便服、紅衛服、便服、解放軍服等があるが、それらの服装の系統を分析する。具体的には、どのような作図でそれぞれの衣服が出来上がっていったのか、実証し軍便服（人民服）と紅衛服のデザインの比較をしながら事実はどのような服飾社会が存在したのか明らかにする。それによって、毛沢東時代の国民が着用した服装のルーツがはっきり見えてくると考える。

また、建国前後から文化大革命までの男子服飾観の記事が、『人民日報』に掲載されていたので表にまとめ、本章に掲載する。その表の記事の内容を分析することで、男子服装の代表である長袍、中山服と幹部服等の着衣状況が当時の時代背景と服飾関係のつながりがはっきり見えてくる。なお、『人民日報』の中山服記事掲載の中で、『解放日報』が紙面上で読者討論をしたという「奇装異服」（奇抜な服装）の記事が書かれていた。「新しい事」と謳っていたが、実際はどのような内容であったのかを考察し論述する。最後に文化大革命終結後、中国の人々は過去の服飾にどのようなかかわり方をしたのか、また、変わりゆく社会状況と共に中国の服飾社会がどのように変化していったのかなど、国民の衣服の着用状況を考察し、明らかにすることを試みたい。

第1節●1949年～1976年までの長袍と中山服の変遷

1 『人民日報』掲載の男子服装（長袍、中山服、幹部服）の記事記述と論述—服飾観の変化について—

1949年10月1日、中華人民共和国が誕生した。それまでの民国期まで着用されていた中国の男子の服装は、長袍・馬掛、中山服、幹部服であった。それらの服装について『人民日報』の記事を以下に示す。『人民日報』は、1946年創刊の中国共産党機関紙で、中国では最も権威のある全国紙である。中国伝統衣裳の長袍・馬掛、孫文発案の中山服、中山服様式を採り入れた幹部服などの中華人民共和国成立以後から文化大革命終結時までの中国の服飾社会で、中国国民が着用した状況の記事の掲載を以下に掲げる。掲載記事の内容に注目、時系列に沿って内容を解明し、まとめる。

（1）人民日報の記事に見る長袍・馬掛

「表Ⅰ」は、1949年10月1日から、長袍の記事を検索するために収集した記事であるが、長袍のデー

表１『人民日報』の記事に見る長袍・馬褂

年月日	記事の見出しと記事の中における長袍・馬褂
1949年6月20日	「新政治協商会議」席上での毛首席。
	1949年6月15日に開かれ、130人余りの代表者が参加した。参加者たちの服装は、軍服、背広、人民服、中国伝統衣装の長袍と馬褂などであった。毛沢東は濃い鼠色の人民服を着用していた。
1949年7月12日	私たちの仲間は、晋察冀辺区（山西・チャハル・河北辺区）の行政機関の炊事場でコックとして働いていた。
	そこの宿泊施設に一人の客が来た。その客は、中国伝統衣裳の長袍を着ていた。

タは、残念なことに解放時の記事だけで、長袍の着用状況は2日間の取材掲載のみである。実際には長袍は、建国後に着用する人が少なくなり、１９６０年の中期頃に主流はなくなったと思われる。筆者は、２００６年、１９４９年の中華人民共和国建国と共に、人々は厳しい社会生活を強いられ、中国に生活する人々の服装文化も大きな影響を受けることになったという体験について聞き取り調査を行なった。その方法は、７項目の聞き取り調査で時代背景を基に、「社会状況と変化してゆく国民的衣装が人々の心の中にどのように受け止められていたのかを調査した。調査の対象は、中華人民共和国成立時の年齢が30歳（聞き取り調査当時は、60歳から90歳前後）までの男女17名、中国10都市（北京市、オルドス市、フフホト市、吉林省梅河口市、天津市、無錫市、南京市、上海市、湖南省長沙、青島市）に渡って聞き取り調査をした。その調査結果の分析を進めるうちに、中国の服飾文化が時代背景に大きく影響を受けながら、変化していく姿が見えてきた。

質問者に中華人民共和国建国当時、住んでいた地域で国民の服装はどのような服装だったのかを尋ねると、北京市、無錫市、オルドス市、フフホト市、南京市、青島市などは、普段は中国式服装の長袍と長衫という回答だった。家の中では、１９６０年頃まで長袍や長衫を着用していた。しかし、ある地域では文化大革命が始まると（内モンゴルのオルドス市、フフホト市）、社会状況の変化とともに中国伝統衣裳は没収され、民族衣装は焼却され中国伝統衣裳の着用者は自然と見かけなくなったと語ってくれた。（愛知県立大学大学院国際文化研究科論集　第10号　２００９年３月発行66頁）

時代はさかのぼり、抗日戦初期の中共（中国共産党）の軍事的拡大と、辺地の拡大傾向に支えられ、１９３８年、八路軍は5万6千人存在するようになった。そしてこの数は、１９４０年には40万人となり、中共の存在が強くなっていった。このような情勢は、国民党と日本軍の警戒心を高めた。中共の勢力にとって厳しい政治的・軍事的環境を生み出しつつあった。そして、１９４３年3月、中央政治局会議は、毛沢東に最終的決定権を認めることを内部決定した。それ以後、毛沢東は「独立自立」と軍事の問題について自己の立場を明確化した。そのような社会情勢の中、中国の支配層や知識人の着用していた中国伝統衣裳の長袍や長衫は、中国の服飾社会では環境に合わなくなり着用者が減っていった。なお、その反面、新中国成立後は、時代が進むにつれ、中山服着用者は多くなっていった。

１９５０年6月、土地改革法が公布し、そして、土地改革は、52年末をもって完了したが地主関係が打倒されて、土地を手に入れた農民（貧農、中農）による農業生産は著しい上昇を示した。しかし１９５３年になると農業生産の停滞期になりこの頃より資産没収が始まった。中国伝統衣裳の長袍は、民国期の時、支配層や知識人が着用したことで、社会主義政治にはふさわしくない服装として扱われることになる。『人民日報』において、１９４９年以後長袍の記事が掲載されていないのは、社会主義政治権力だと考えられる。

そして、１９５３年には、「統一購入、統一販売」によって配給が開始された。さらに１９５８年以降は、「大躍進」（工農業躍進運動）の失敗によって物不足が深刻になり、さらに多くの物資が配給切符性になった。そして、人民公社が農村に設けられた。中華人民共和国では、１９５８年以来、農業生産合作社と地方行政機関を一体化として結成された。それは、地区組織の基礎単位、農業の集団化を中心に、政治・経済などの全てを包括する機能を持った。1982年の憲法改正により、政社分離の原則に従って解体されるまで人民公社の組織は続いた。

このような社会状況の中、中国伝統衣裳の長袍は社会的意義が起用されなくなっていった。1949年以後、長袍は、中国の服飾社会において全国的に消滅の道をたどることになる。そして、文化大革命によって中国伝統衣裳の男子服装の代表である長袍の着用者は、文化大革命終結時以後は、全く見かけなくなった。

(2)『人民日報』の記事に見る中山服

次頁以下に掲げた「表2」は、1949年から1976年までの文化大革命終結期までに中山服がどのように中国の服飾社会に存在したかを、考察するための『人民日報』に載った記事である。

中山服の記事の掲載日数は、41件である。その掲載日数から記事の内容を考察してみると、7項目に分類される。紙面の関係上内容を分析28件に集約した。①から⑦に分け、表1に区分けした項目番号を掲載記事の年月日に挿入、それに基づいて中山服の掲載記事から見た記事を読解し、内容を項目ごとに以下に論じる。

①「中国の服飾社会で中山服の存在と、着用状況」(11件)

1955年頃の新聞記事を見ると、やはり中山服を着用している人の身分は、公務員が一番多いという感じである。しかし、時代が変化している状況から、1955年12月21日の記事に茶農家の主が、「息子に中山服を作り、着せることができた」、そして1957年9月14日の記事に、農業生産合作社の討論の中、「解放前は中山服を着る人はなかったが、現在は52人が着ている」とある。しかし現状は、彼らの着用していた

表２『人民日報』の記事に見る中山服

年月日	記事の見出しと記事の中における中山服
1947.05.07	化け物を一掃（横扫妖魔）
③	人民解放軍の泗字部隊が陽武の西北にある黒羊山鎮（村）で捕虜を捕まえた。20数名の捕虜を政治局へ送った。その捕虜の中に、サージ（織物）の中山服を着ている者が一人いた。
1951.04.08	父一葉挺の思い出（回忆我的爸爸—叶挺）
③	父はふだんねずみ色のシャツと青みがかったねずみ色のズボンを身に付けた。しかし、外出する時は、白い綿平織り（木綿）の中山服に着替えた。
1955.01.27	胡弘一・親族と春節（旧正月）を楽しく過ごす（胡弘一和亲人欢度春节）
③	胡弘一は、春節の前夜、新しく作った黒みがかった藍色のラシャ（毛織）の中山服と青みがかったねずみ色のラシャ(毛織)のコートを着た。
1955.12.14	手工業労働者の試み（手工业劳动者的创举）
②	寧波市手工業労働者協会の服装業節約グループは、新たに裁断法を考案した。一着の中山服で布地7.307寸節約できる。
1955.12.21	茶農家は協同化の道を進まなければならない（茶农要走合作化的道路）
①	人民公社社員の戚邦開は、ここ20数年服地を買ったことがなく、着る物はあちらこちらから貰って来たぼろぼろの古い服だった。しかし今では、新しい服を新調し、息子に中山服を作ってやった。
1956.07.12	顧客に代わって毛皮、毛織物などの貴重な服を保管する国営のクリーニング預かり店が上海に出現（上海出现一家国营清洁保管商店　替顾客保存皮毛、呢绒等貴重衣物）
⑦	この店は、顧客からラシャ(毛織)の中山服或はその他の服を預かったのち、店員は服を干し、（刷毛で）きれいに洗い、それから布で覆って、冷蔵倉庫で保管する。
1956.07.15	愛しているのは人で、地位ではない（“爱的是人，不是职位”）
①	黒みがかった藍色のラシャ（毛織）の中山服をまとった青年が、映画館の切符売り場に行きチケットを買った。

年月日	記事の見出しと記事の中における中山服
1956.07.16	（甘粛省）蘭州で開業した初日（在兰州开业的第一天）
②	信大祥シルク毛織物綿布店は、7 月 10 日に蘭州で最もにぎやかな南関に開業した。一人の復員軍人は、3 丈 2 尺（1 丈は約 3.3 メートル、“3 尺”は 1 メートル）のウールの青い布地を買い、中山服を 2 着作ろうとした。店員がこの復員軍人の体のサイズを測り、3 丈で十分だとアドバイスした。（中山服上下、1 着は 1.5 丈）
1956.11.11	孫中山（孫文）先生の偉大なる革命における指導精神を記念して（纪念中山先生伟大的革命领导精神）
①	作者が廖仲愷（1877 － 1925、国民党左派の要人）の紹介で、孫中山（孫文）と河南省の根拠地で会った時、孫中山は中山服を着ていた。
1957.01.12	“京劇に似ているか”から語ろう（从“象不象京戏”谈起）
①	呉祖光（劇作家）が言うには、近代史の中の「太平天国」「戊戌の変法」「洪憲偽朝」などは、京劇の脚本の上等な題材である。もしこの“懸け橋”を架けわたすことができれば京劇の舞台の上で、再び背広、中山服、チーパオ、さらには幹部服まで出現する。
1957.03.24	事実は決してこのようではない（事实并不如此）
②	ある労働者は、1 丈 8 尺の布地を買い、中山服を一着作ろうとした。店員が労働者の体のサイズを測り、1 丈 6 尺で足りるといった。
1957.04.17	中国におけるソ連の優れた家畜品種（苏联的优良家畜品种在中国）
②	一頭の羊から取れる毛で 21 ～ 24 メートルの優良な衣服の布地が織れる。そしてそれで 7 ～ 8 着の中山服が作れる。
1957.04.18	勤勉節約のご主人さま（勤俭的当家人）
①	「山海関」の駅の改札口で、並んでいた中年女性は、ショートヘアーで中山服を着て纏足だった。
1958.08.26	服を持ってきたよ（衣服拿来啦）
⑥	一人のおじいさんが江蘇省川沙県の仕立て手工業連合者のサービス員（服務員）に「一着の長い中国服（長衫）は中山服一着にしたらよいか、それとも 2 着の洋服のズボンにしたらよいか」相談した。
1957.09.14	私達は資本主義の「自由」はいらない。 農業生産合作社の社員は、大論争の中で是非を説いてはっきりさせた（我们不要资本主义的“自由”农业社的社员在大辩论中辨明了是非）
①	農業生産合作社の論争の中で、「解放前（解放は 1949 年 10 月 1 日中華人民共和国成立をさす）は、中山服を着る者はいなかったが、現在では 52 人が着ている」。我々が必要とするのは、社会主義的な自由である。
1957.10.13	忘れ得ぬ人（难忘的人）

年月日	記事の見出しと記事の中における中山服
①	大学の洗濯場に、40数歳の人が来た。日に褪せて、色あせしたひどく古い中山服を着ていた。その人はこの大学の学長だった。
1957.11.11	苦しみに耐えつつましく民衆と結びついた県知事・劉輝山（坚苦朴素联系群众的县长刘辉山）
③	今年52歳になる劉輝山が何時も着ている服は藍色の木綿の中山服だった。
1958.04.28	朱徳副主席が上海の科学者と面会（朱副主席和上海科学家见面）
③	4月16日、10時45分、朱徳副主席は、中国科学院上海地区の研究機関に来た。彼は一着のお古の黒みがかった青色サージ（毛織物）の中山服を着ていた。
1959.09.23	祭日の喜びプラス新産品（节日喜添新产品）
⑤	上海制の新しい模様のある布は、人造繊維と綿糸を交ぜ織って作ったものである…折れたりもせず、しわにもならず、毛織物のようである。男性の中山服や背広を作るのに供することができる。
1960.10.23	合理的に労働力を手配　原料の出所を広く切り開く　長沙（市）が小間物を積極的に増産する（合理安排劳力 广辟原料来源 长沙积极增产小商品）
②	服装業種は、60の先進的裁断法を押し広め、見通しでは半年で約90万尺の布を節約することができる。それは、7万5千着の中山服が作れる。
1960.12.17 ⑤	人々は、節約観念を打ち立てる 　一つ一つの工程は、管理を強化する　民豊紡績工場は、綿花を少なく使い良い糸を多く紡ぐ　水冶綿茎の皮加工工場の労働者は、綿茎の皮を使って大量の丈夫な織物を製造した（人人树立节约观念 道道工序加强管理　民丰纺织厂少用棉花多纺好纱　水冶棉秆皮加工厂职工用棉秆皮制成大量耐用的纺织品）
	河南省安陽市の水冶棉茎の皮加工工場は、今年当地の豫北棉紡績工場と協同し、綿茎の皮とくず綿で細番の糸を混ぜ織る試みをした。そして、ヘリンボーンで中山服を作った。品質はドリル（綿サージの一種）と優劣をつけがたい。
1961.04.14	日進月歩の上海の修理組立業務。上海市修理組立業務の内容は、多種多様、日進月歩。 このコラムで紹介したのは、彼らの一部分の経験のみです（日新月异的上海修配业务　上海市修配业务的内容丰富多采，日新月异。这个专栏介绍的，只是他们的部分经验）
⑥	（上海）准海中路にある益大服装店は、有名なリフォーム店である。（男性の）長い中国服、（男性の）中国服の短い上着、コート、背広、チーパオ（チャイナドレス）など15種類の古い服を千にものぼる各種の服に仕立て直した。例えば、1着の成人男性の長い中国服は、1着の中山服にリフォームできるばかりでなく、さらに小柄な人の洋服の半ズボンも出来てしまう。1着の旧式の中国服の短い上着は、中山服の上着、あるいは洋服のズボンにリフォーム出き、さらに袖なしのワンピースの女性用洋服ができる。1着のチーパオは、男性の中山服か2着の半袖、合服（春秋両用の上着）にリフォームができ、その上、8、9歳の子供が着るニッカー・ボッカーズとファスナー付きのシャツも作れる。

年月日	記事の見出しと記事の中における中山服
1963.06.22	沈衡山先生[5]を追悼する（追悼沈衡山先生）
①	この詩の中に次の１句がある。「日本で苦労して留学し、中山服を着て故郷に帰った。—著者不明」
1963.12.15	中国—革命詩歌の源泉　一人のキューバの詩人を訪ねる（中国—革命诗歌的源泉　—访一位古巴诗人）
④	キューバの詩人、ピーター・ロドニゲスは、中国を訪れた。彼は、中国に来てから新しく作ったねずみ色の中山服を着ていた。
1964.11.14	上海の広範な人民が、奇抜な服装を排斥する討論に積極的に参加。プロレタリア階級の優れた伝統を発揚し、資産階級の思想作風（仕事をなす特別な態度）に反対する（上海广大人民积极参加抵制奇装异服的讨论 发扬无产阶级优良传统反对资产阶级思想作风）
①	討論の中で、ある人は足首の裾の細いズボンを新しい事物と考えた。ちょうど中山服、人民服が長袍、馬褂にとって代わったのと同じで、人々は、始めは見慣れなかった。人民服、長袍、馬褂にとって代わったのは、人々の生活と労働に便利なためであった。
1965.10.23 ①	思想を改めて、芸術を高めた。中南区が北京へ来て公演を報告した一部の役者が農村で体得したことを話し合う（改造了思想　提高了艺术　—中南区来京汇报演出的部分演员座谈下乡体会）
	湖南の花鼓戯（地方劇）の『打銅鑼』の登場人物・蔡九は、農村の幹部で六角帽子を被り、中山服を着ていた。
1966.08.18 ④	毛主席の銅像の前で写真を撮る（毛主席塑像前照个像）
	ギリシャの商船の船員たちは、青島で上陸後、船員クラブに行った。そこでわざわざ中国の服を買い、背広を脱ぎ捨て中山服に着替えた。
1973.08.29	美しい島国　勤勉な人民（美国（ママ）的岛国 勤劳的人民）
④	中国とニュージーランドが外交関係を樹立し、中国から来た初代大使のロイ・イマンスは、お気に入りの中山服を着ていた。

のは幹部服である。それは解放時、中山服とシルエットが似ているけれども、革命の服装として中国人たちに着用された幹部服であった。中山服は、裏付き仕立てで作製するのに、手がかかり値段も高い。しかし、幹部服は仕立てが簡単に出来上がる。当時の社会状況を考えると、以前のものに比べ幹部服は共産党の象徴であり、ネーミングも良く、それを着ることで、革命を荷なうものとして位置づけられた。その点、当時の中山服は政治的にあいまいな立場におかれていた。実際には、農民が着ていた服は、幹部服であったが時代状況を考えて中山服に置き換え、人民日報は記事に「中山服」と書いたのではないかと推察する。

中山服は、民国期時代から政治的色彩を帯びている服装と言われてきたが、中華人民共和国成立以後も、党の指導者たちは中山服を着用している。そして官僚は、軍便服を着用し、民間レベルのリーダーの革命参加者は幹部服を着用した。

1956年7月15日の記事によると、藍色のラシャの中山服を着ている若者が映画館で切符を買っていた。それを見ていた、若い女性がエリート官僚だと思いそばにより、彼にデートを申しこんだ。デートの数回後、彼女は彼に身分の確認をすると、彼は地方公務員だったことがわかり、彼女は彼から去っていったという記事がある。また、ある記事は、知識人、教育者が若い頃から愛用している中山服の愛着からか、色あせても、他人から見たら身分と着用している服とが一致しない。それでも彼らは、色あせた中山服を着て、古着と思える中山服を保持し、中山服の存在に固執している記事がいくつか見受けられた。中山服の持ち味は、威厳のある重厚なシルエットが出来上がり、着用する事で自分の心も威厳をもつことができるのではと推測する。政治的色彩を帯びている中山服は、先にも述べたように実際には着用時、重厚な服装であるため限られた人たちが着用していた服装である。ゆえに、公の立場で一度着用した人たちは、どんなに古くなっても手放せない服装であることになる。

②中山服の裁断に関しての節約情報（５件）

中華人民共和国成立以後、中山服は政治的関わりが強力になったこともあり、生産が増えていった。ゆえに、中山服を裁断する時、生地の裁断方法によって如何に生地の節約ができるかを考えた。その節約は、「みんなで布を節約しよう」という記事で、「全部でどのくらい節約した」という報告記事が多く、それによって「中山服を作ったら、節約した生地で何百、何千着作れる」という内容である。これは、中山服が当時、すでに庶民も着ている普通の服装になったという事を証明していることになるだろう。

現在、中国の生地の幅は、ウール、綿共、１５０cmである。因みに日本のウール生地の幅は１５０cm、綿は90cmもあれば１２０cmもある。改革開放以後、生地の生産はオートメーション化したので裁断しやすくなったが、以前は手織りの生産だったので、生地の幅は定まらなかった。

③中山服の生地の素材内容（５件）

この当時の中山服の素材と色は、ウール（藍色、黒ずんだ藍色）、サージ（青色）、ラシャ（藍色）、綿（白、藍色）素材等である。但し、文化大革命当時は綿の国防色で後に緑がかった黄土緑色になったと伝えられている。

１９５７年、政権に対する潜在的な批判者を摘発する「反右派」闘争を展開するようになると、党外勢力の多くは政権の外に排除された。経済面では、中央政府の下に財政経済委員会巨大な機構が組織され、戦争と戦後の混乱による荒廃から国民経済を回復させることが最も重要な課題に位置づけられた。当時最も大きな産業であった綿紡績に対しては、政府が原料の綿花を確保して民間企業に提供し、綿花を委託生産させるという支援策が実施された。春、夏用の中山服は、綿素材である。因みに、当時の国民の服装は主に人民服、便服、幹部服、解放軍服、紅衛服等、全て綿素材であり、生産量を考えると、原料の綿は大量に必要としたことが推察される。

④中国に来訪した外国人の中山服着用状況（3件）。

中国に来訪する外国人は、母国の服装と違う中山服をみて、着てみたいという気持ちで注文したのではないかと推測する。西洋式服装の背広は。ワイシャツを中に着て、その上からネクタイを締めるトータルファッションであるが、中山服は中着を意識しないで着用すればよい。彼らは、中山服を便利な服装と見て注文したと考えられる。

『人民日報』の記事の中に書かれているキューバ・ドイツ・ギリシャ・セイロン・ニュージーランド等、着用者の彼らは大変気に入っているようで、手に入れた後も、手放すことなく大切に着ているとの報告記事であった。

⑤化学繊維誕生とテキスタイルの進歩（1件）

シルクと綿の生産地として有名な中国であるが、１９５９年9月23日の記事によると、人造繊維と綿糸を混紡した新製品が誕生したという報告記事が掲載された。現在でいう化学繊維である。しわにならず、洗濯後、水の切れがよく、乾きやすい便利な素材である。

また、１９６０年12月17日の記事によると、江蘇省常州市民豊紡績工場で綿茎を栽培して、それをヘリーボーンのテキスタイルの新製品として創作した。それによって、この新製品は、大量に綿素材製品の国民の服を補うことができるようになった。江蘇省常州市民豊紡績工場は、高度の技術に一級品１００％の高級製品を考案、高級製品が出来上がったと記事に書かれている。

⑥中国伝統衣裳の長袍や長衫はリフォームの対象になる。主に、リメークの対象は中山服２件）。

１９５７年８月26日の記事によると、一人のお爺さんが江蘇省川沙県の仕立て手工業連合社のサービス員に「一着の長い中国服（長衫）は中山服一着にしたら良いか、それとも２着の洋服のズボンにしたら良いか」と相談した。また、ひとりのお婆さんは、50数年たった一着の長衫を持ってきた。店員に何ができるか尋ねたら、店員は５枚のシャツができるといった。おばあさんは耳が遠いので、Ｔシャツができると勘違いして、共産党は農民のために、服をも提供してくれたと喜んで人々に話をした。

１９６１年４月14日の記事の報告によると、上海の准海中路にある益大服装店では、男性の長い中国服、短い上着、コート、背広などを、中山服や男性のズボンなど新しい服にリフォームしている。つまりこの時代は、中国伝統衣裳は着用しなくなり、衰退していくことになったという事である。なお、背広も西洋式服装であるから、着用者は支配層とみなされるのでリフォームすることになった。

上述したリフォームの件では、すでに１９５７年、中国の人々は中国伝統衣裳の着用者は非プロレタリアと判断されるので外出時には着なくなったと考えられる。

⑦上海に初めて国営のクリーニング屋ができた。（１件）

１９５６年７月12日、上海に初めて国営のクリーニング屋が開業したという報告記事で中山服、その他の衣服や毛皮などはブラシで洗った後、冷蔵庫に保存したとのことである。これは、産業の発展にともない、その需要からクリーニング屋をオープンしたという事になる。新しいサービス業としてクリーニング屋がオープンしたのは、社会的進歩である。保管の冷蔵庫も、今までとは違う機具の保管庫であったと推測する。以上、1947年から1966年と1973年までの中山服の記事に27件のデーターを掲げたが、中国は、1950年後半には社会主義国家となり、農民は土地改革で自分の土地が国家から与えられた。

その頃から、民国期時代、中国の人々に着用され続けてきた長袍と中山服は、互いに服飾文化に変化が生じ始めた。プロレタリアと支配層の存在する服飾界では、社会主義思想を重視する政治の世界において、主に支配層の服装は、社会主義政治の国にはふさわしくないと拒否された。長袍は、丈の長い服であるから、機能的ではなく活動にふさわしくないと判断されるので、人々は自然に着用しなくなっていった。労働に従事することは、社会主義の国では政治、経済、あらゆる面で、国家として優先された。農民は、中国の台所を引き受けている貴重な立場にあり、農作業に携わることで、活動的でない。中国伝統衣裳は拒否された。この頃より、中国伝統衣裳は、消滅の道をたどることになる。反面、中山服は、当時の政治指導者に着用され続け、文化大革命時期にかけてますます中山服が服飾社会で重要視され、中山服のデザインがルーツとなって多くの活動着が中国の人々のために制作された。その多くの活動着は、第二節で後述する。

（3）『人民日報』の記事に見る幹部服

「表３」では、『人民日報』に見る幹部服の記事の内容を収集したのを掲載した。

本来、解放戦争後期、全国各大、中都市で次々に解放されると同時に、多くの幹部たちが南下し、解放軍兵士の管理と解放軍に関わる仕事をしたので、官僚との区別をすることで国は幹部服を作製した。そこで、灰色、前身頃に４つのポケット付きの服装が作製された。解放区の幹部たちは、各都市に駐在したがその時、都市の中に生活していた各階層の人たちには、その服装は、今までになかった新鮮な感覚を感じさせたと思われる。この南下幹部たちが着ていた服を幹部服と称した。中華人民共和国建国後のある時期では、革命は一番上、その他の事が次に続くことになる。すべての意識の領域では、人々の日常的な衣食住は大切であり、全て個人の問題ではなく政治問題であり、革命における態度の問題である。したがって、幹部になった人たちで幹部服を着用する場合は、革命を判断する一つのシンボルとなった。建国初期の服装の変化が行政的な命令でなく、革命に対する期待を自然に形成したのである。

１９５０年に入り、中山服は基本のデザインを改良し、幹部服、人民服を作製した。着用時のシルエットは中山服と変わらなかった。これらのデザインは、当時の民衆に歓迎されたが、幹部服も人民服も組織の中で選ばれた人たちだけが着用されることになった。幹部服のデザインは、伝統的な中山服と比べると、襟、袖の形は一致していた。少し違うのは、既に述べたことであるが、前身頃の４つのポケットは蓋付きで、平面アウトポケットであった。中山服は、前身頃の４つのポケットは蓋付きで、上段の左胸のポケットはペン挿しデザイン、下のポケットはマチ入りアウトポケットである。そして幹部服の製作は、国の経済面の節約を重視し、仕立てのコストと着用時の重宝さ、洗濯の便利さなどを考えて一重仕立ての作成にしたと考えら

表3

年月日	記事の見出しと記事の中における幹部服の記述
1963.07.10	私達のお父さん（我们的爸爸）
	ベンチに座っていた人（金日成）は、ごく普通の幹部服を着ていた。
1968.10.18	江西省分宜県革命委員会は、毛主席のうまく幹部をいたわらなければならないという偉大なる教えに従う。 下放（幹部を下の機関に転勤させ、農村などに下ろして一定期間鍛錬させること）労働幹部を情熱的に助け、政治的自覚を高める（分宜县革委会遵照毛主席必须善于爱护干部的伟大教导　热情帮助下放劳动干部提高政治觉悟）
	下放された幹部の袁万祥は、幹部服を脱ぎ捨て、農民の服に着替えた。
1968.10.29	偉大なる指導者毛主席の「幹部が下放し労働する」と言う偉大なる考えに従う（江西省）分宜県の下放した多くの幹部は農村に家を構えて定住する（遵照伟大领袖毛主席关于干部下放劳动的伟大教导　分宜县下放大批干部到农村安家落户）
	幹部らは幹部服を脱ぎ、農民の服に着替えた。
1968.12.24	生涯、「田舎の先生」をする（做一辈子“庄户老师”）
	作者は、高校を卒業して貧しい農村の民営学校の教師になった。公立学校の教師が、幹部服を着て、自転車に乗っているのを見てうらやましく、自分も借金して自転車を買い、幹部服を着た。しかし、このような変化は、毛主席の労働者階級教育に反するもので有ることを悟った。
1969.02.03	陝西省宝鶏県紅川人民公社の赤軍（中国農労働赤軍） 大隊の際立ったプロレタリア階級の政治　　熱心に「貧農と下層中農」のために奉仕する教師を選び出す。（陕西宝鸡县红川公社红军大队突出无产阶级政治　选拔热心为贫下中农服务的人做教师）
	人民公社社員・王誠は、「貧農と下層中農」のため学校を創設。しかし、教室がないので自分の家を教室として提供し、学生たちのために柴を売って勉強道具に充てた。しかし、それを見た補導教師たちは、教師らしくないと批判した。批判されて王誠は次第に影響されて、幹部服を着るようになってしまった。
1969.05.26	（河北省）遵化県建明人民公社の刁村大隊の故郷に帰った知識青年（文革中に下放された中卒・高卒の若者）席瑞華を記して（一记遵化县建明人民公社刁庄子大队回乡知识青年席瑞华）
	席瑞華は、農村で「三大革命」（生産闘争・階級闘争・科学実験闘争を革命運動として展開すること）で自分を鍛えるため、幹部服を脱いで古い服に着替えた。

年月日	記事の見出しと記事の中における幹部服の記述
1969.08.28	「彼はやはり電気工だ！」江蘇省泗陽県革命委員会副主任の唐玉清がめいっぱい働き通した事績を記して（“他还是个电工！”　记江苏泗阳县革委会副主任唐玉清坚持顶班劳动的事迹）
	唐玉清は幹部服を脱いで、仕事着に着替え労働に戻った。
1969.09.18	江西省に下放した生産隊（文革時、都市の中高生が人民公社の生産隊に入隊して農村に住み着く）の幹部、教員、医療関係の者が「三大革命」（階級闘争・生産闘争・科学実験の三つを示す）の中で、思想革命化をうまくやり、新しい農村建設に努力する（江西省下放插队落户的干部、教员、医务人员在三大革命运动中搞好思想革命化　努力建设新农村）
	元（中国共産党）省委員会のある老幹部は、解放後（中華人民共和国成立以後をさす）に実際からかけ離れてしまい、「貧農と下層中農」の感情が次第に薄れてしまった。そこで彼は、家族を連れて井岡山の新城人民公社の生産隊に入隊し、幹部服を脱いで、農民の服に着替えて、人民公社の人々と一緒に労働をした。
1969.11.21	輝かしい「五・七」の大道で疾走しよう（奔驰在光辉的‘五·七’大道上）
	「多くの幹部は下放して労働を！」という毛主席の呼びかけに応じて「五・七幹部学校[6]」に入った閻徳寛はある日皮口鎮（村）へ品物を運んだ。その時、以前、自分がここを訪れた時には、手には書類入れを持ち、幹部服を着ていたことを思い浮かべた。
1970.11.21	天津紡績機械工場党委員会は、絶えず「斗、批、改」の中で新しい問題を分析し、革命大批判の思想的重点的戦闘性を強化する（天津纺织机械厂党委不断分析斗批改中的新问题　加强革命大批判的思想性针对性战斗性）
	「斗、批、改[7]」に基づいて、機構を簡素化し、事務職員を554人から144人に削減した。しかし後になって、党委員会のあるものは仕事がきつい、人手が足らないと言い訳をして一部の者を仕事に復帰させた。工場労働者たちは、「下放した幹部が、たった今、仕事着を着て何日も経たないのに、また、幹部服に着替えてしまった。」と、厳しく批判した。
1972.03.01	（雲南省）苦聡山寨のよい教師―鄒延慶（苦聪山寨的好教师―邹延庆）
	1959年、19才にならない鄒延慶は雲南省元陽師範学校[8]を卒業し、祖国建設のため（雲南省）金平県苦聡山区納迷河の小学校の先生となった。しかし、言葉が通じず、ありとあらゆる苦労をし、かれは幹部服を脱いで作業服に着替え、苦聡山の人々と一緒に農作業をし、労働しながら、毛主席の革命路線を宣伝した。

れる。1949年9月10日、陳毅が上海市長に就任した時、中山服と同じデザインの薄い国防色の幹部服を着用したと伝えられている。この頃より、中国共産党の人たちも、幹部服を着用するようになった。

「表3」の幹部服記事の報告は、農村に下放して幹部服を脱ぎ捨て、農業関係に従事し、農民との信頼関係を優先に考えて生活する、都会の青年たちが増え続けているというのが当時の彼らの実態報告である。「下放」とは、労働幹部を助け、政治的自覚を高める事で、幹部服を脱ぎ捨て、農民の服に着替え、農作業に従事することであった。しかし、農民の作業着に着替えたある人は、仕事に不満を感じるとき、再度幹部服を着たという報告記事もあった。それはどのような所帯であったのか。新中国成立後の幹部服は、共産党を目指すとして、プロレタリアの代表の服装であった。当時、政治の官僚は、中山服を着用し、プロレタリア革命にふさわしい服装とされていた。特に革命を目指す若者たちは、中山服ではなく幹部服が憧れの服装となっていた。ある者は、「貧農と下層中農」のために学校を創設自分の家を教室として、運営費用を作るため率先して頑張る様子を補導教師から、〝らしからぬ行動〟と批判されて幹部服を着た。奉仕と実力の結果が幹部服に託されていることになる。つまり幹部服は革命的な文化の象徴であった。

文化大革命中、中山服は政治的に曖昧な世界におかれていた。また、中山服を着用してもその当時は、着ていく場所がなかった。労働に専念した者の中には、中山服様式のデザインを採り入れた幹部服を着用する人もいた。幹部服は、革命を象徴する服装であるから、着用する時は、政治と絡み合っていた。紅衛服は、ファッションではなく、幹部服と共に政治的象徴であった。しかし、改革後の紅衛服は、若者のファッションとなった。

幹部服は、革命運動の象徴の服装であるが、中山服は、政治的象徴であり、幹部服のルーツであり、非プロレタリア、プロレタリアの両者が着用した。

第2節●様々な中山服様式服装と「奇装異服」について

文化大革命は、上層部の権力闘争や後継者の擁立という目的で発動された政治運動である。しかし意識的に一般の市民を巻き込んだことによって、国家権力が社会への徹底的な介入が見られた。こうした状況の下、文化大革命時代において、国家権力の市民の暮らしへの介入の象徴がファッションの変化に見られた。また、社会主義の政治において、新しいことを位置づけた奇妙な服装が話題になった。社会主義商業の店を訪れた女性客の服の注文で店側の応対と相違があり、そのことに関してトラブルがあった。その状況を店側の店員が『解放日報』に、「どのようにこの問題を捉えるか？（応該怎样対待这个问题嗎？）」と投稿したことにより、解放日報では紙面上で読者の議論の場とした。本節では、そのことについても触れてみる。また、文革期の時代背景と階級闘争で勝ち得た中山服様式のいくつかの服装を表と図にまとめ、その服装の特長について個々に論ずる。

1　中華人民共和国成立後から文化大革命前の新しい男子服装

前述した『人民日報』の記事から、新中国成立後の中国の男子服装着衣状況が読み取れた。そのことをも参考に、１９４９年10月１日、中華人民共和国の誕生と共に民国期の男子の服装（中国式服装、西洋式服装）とは全く違う、新しい歴史的な段階に入った服飾について考察したことを言及する。

中華人民共和国が労働者階級に導かれ、労農同盟を基礎とする人民民主独裁の国家となり、建国の当初から封建社会と資本家主義からはっきり離れるようになり、服飾もそれに伴って自然に服装と着衣状況に人々が関心を注ぐようになった。前述に『人民日報』の記事は、中国の服飾社会が男子服飾の中心となり、服装の存在が明らかになった。

中華人民共和国建国祝典時、毛沢東と政府の多くの指導者たちは、中山服を着用して天安門広場に姿を現した。（写真1）1950年代に入って、毛沢東によって中山服は軍事服に見せかけた人民服に改良されたと言われているが、その人民服は、どのような衣服であったのか、筆者は高黎明氏（北京市「紅都服装店」のデザイナーで主に中山服に携わっている）に直接尋ね、以下の内容がかえってきた。

人民服は中山服を基本に考えて作ったと思うが、中山服の前身頃についているアウトポケットをなくし、当時の軍事服のデザインに代え、軍便服を制作し、それを人民服とした。毛沢東は中華人民共和国建国時、確かに人民服を発案、国民の前に公表、その人民服は、中国の公務員が着用した。今日でも地方の公務員は着用している。軍便服は中山服のシルエットではあるが、アウトポケットがない。1929年7月、ソビエト連邦が満州に侵略した時から、長い間中国は戦争が続き経済的にも物資が乏しい。布の節約を考えて、アウトポケットは玉縁ポケットにしたとのことである。軍便服の生地は季節に応じてウールを使用し、紺、藍色、緑と階級別に支給された。軍便服配布は、都市では一斉に受けたが、地方では財政困難なため、公務員が同じ時期に全国一斉に着用することは不可能であった。アジアの人たちは、その当時のイメージで、中山服を「人民服」と呼び、理解している。それは軍便服の服装を指し、また、英語圏の人たちは、中山服のことを毛沢東が着用している状態を思い浮かべ、「マオスーツ」と呼んで

（写真1）中国共産党大会の毛沢東は中山服を着用（出典：2010年、北京市紅都服装店にて筆者撮影）

いる。

つまり人民服（軍便服）は、中山服の改良版（中山服様式）であり、当時中国全土の公務員の制服となり、無料配布されたと、高黎明氏は指摘するのである。当時は物資が乏しかったので、都市では成立時直後に無料配布されたが、地方の公務員は国から素材を提供されて、軍便服の衣服になるまでには、かなりの月日がかかったとのことである。建国当初、毛沢東が着用していた中山服は、着心地がとても楽そうに見えた。そこで高黎明氏に毛沢東が着用した中山服の変遷を尋ねると、彼からいくつか中山服の制作上のテクニックなど、それにまつわる内容を聞くことができたのでそのことについて以下に掲げる。

「毛沢東の着用している中山服は中山服の基本型か。」の質問に「中国共産党第八回人民大会（１９５６年）時、毛沢東主席の中山服の服装は、私の師匠の田阿桐氏が制作した。現在も天安門広場に毛沢東主席の写真が飾ってあるが、着用している中山服は田阿桐氏が制作した。」「それはどのように中山服を補正して、毛沢東にマッチングしたのか。」について、高氏は「それまで毛沢東主席の着用している中山服は、中山服の前中心に五つのボタンが付いている基本型のデザインで、毛沢東主席の体形にあわせて作成していた。しかし、毛沢東主席は体が大きいので、中山服の基本型を補正して毛沢東が活動して着やすさを強調した制作をした。①脇ダーツをなくし、前後身頃の脇寸法の巾だしをし、緩み分を入れ、後身頃中心にセンターベンツをつけた。②民衆の前で手を挙げることが多いので基本型より窯底の寸法を上にあげ（ウエストまでの脇線を多くすることで手が上がりやすくなる）、窯底にマチを付け、袖付けをすることで手が上がりやすい服になった。③主席は顔が大きいので襟幅も基本型より広く、折り襟の上衿カラー先の丸カットもさらに丸みをつけた。これが初めて毛沢東主席が着やすいように改良した中山服である。」と話した。さらに「中山服の制作上で作成した製図が保存されているか。」の質問に、「中山服の注文は立体裁断で作るため、ペーパー上での製図は引かない。」また、「中山服の注文者の服はすべて立体裁断なのか。」の質問に、「注文布を体に直接あてて裁断し、制作している。現在も、中山服の注文服は、このような作成状況」である。

高黎明氏が語った内容を意識しながら毛沢東の当時の写真を改めてみると、補正の解説がよく理解できた。(写真1)

「長袍」、「馬掛」、「瓜皮帽」、「旗袍」等の地位は非常に不安定で、時に、「封建主義」に端を発するものとみなされ時に、資本主義に端を発するものと位置づけられたりした。

中華民国期の服飾は、大胆な発想の服装に支えられ、西洋式の「西服(背広、西洋の洋服)」と中国式の「長袍・馬掛」、「旗袍」が同時期、同人物が着用する服飾の中に見うけられる。西洋式と中国式が同時に見られる服飾多様化の時代であったが、中華人民共和国時代に入り、状況は急速に変化していった。中国政府が国民党の歴史を清算し、反封建主義を掲げたために、「長袍」、「馬掛」、「長衫」は時代に合わない不健全なものとみなされるようになり、人々の心に自然と反感を生み出し、衰退の一途をたどることになる。

中国の歴史の中で、何千年という歴史を持つ「深衣制」の服飾は、20世紀の前半に登場した「上下分割型」の西洋スーツスタイルとの競争においてその市場を失い、僅かな余地を残していたが、50年代を経て、結局は淘汰されたのである。これは、漢民族伝統服飾の衰退の過程を考える上では、最も注目すべき変化であり、漢民族の衣装が消失していく原因を探る重要な点である。これは中華人民共和国建国以後、漢民族の伝統的服飾上に発生した大きな変化といえると山内智恵美氏は語っている。

1944年頃、抗日戦争時期の延安で、レーニン服が流行ったことがあった。レーニン服は綿素材を用いていたので経済的に安く済み、みんながこのような「ソ連式」を認めた(写真2)。ソ連式服を着ることは、新しく、進歩的な思想を持っているように見えた。そのため、この服は一時政府機関の女性幹部の典型的な

写真２　レーニン服（出典：百度百科―列寧装）

服装となった。女性幹部、労働者、女子学生のほとんどは、レーニン服を上着として着用した。50年代、中国人民は尊敬と崇拝の念を抱いてすべての面を「ソ連兄貴」に学ぶことになる。経済政策から子供の名前に至るまで、また、都市計画から軍事のデザインに至るまでソ連兄貴を学ぶことになった。この時期、旧ソ連の服飾文化が中国人の間で新しく流行し、各種ソ連式の服装が中国に受け入れられたのである。

ここで注目しなければならないことは、中国人の行動である。当時の人々は国の政策に基づいて行動していかなければならない大変困難な状況の下に置かれていた。ゆえに服飾も「西服」を破棄したとはいえ、ほとんどの人たちが好んで破棄したのではないのではないかと考えられる。なぜなら、西服の代表の服装は背広である。第1章で述べたように背広は19世紀末には中国の人々に着用され、外出着として愛用された。しかし、その時の政策によって服装の着用を拒否されることは国民にとって生活スタイルを変えることになる。その時の政策に基づいて、東欧や旧ソ連の社会主義国家に端を発するものであれば受け入れられたのであろう。また当時は、ドレスアップしてレーニンスーツを着た女性と中山服を着た男性が政府の公の会議に出席していることが日常的な風景となった。[1] しかし、レーニン服の流行は、中国人の感性に合わなかったようで、流行はしたものの長期間は続かなかった。

毛沢東主導の下に１９５８年から60年にかけて「大躍進」政策の挫折、三年連続の自然災害、中ソ経済関係の悪化による中国経済への打撃という、重層的な要因によってもたらされた深刻な経済的困難に直面した。そして中国人の衣服への関心は、抑制されることになる。（写真３）

写真３　958 年、大躍進時代の節約裁断と縫製工場の現場
（出典：寧波服装博物館の展示。2010 年筆者撮影。）

前節で、人民日報の記事の報告でも述べたように、１９６０頃には中国伝統衣裳は、着用者が少なくなっていった。しかし、中山服は、政治的なつながりで１９７８年頃まで中国の服飾社会では国民の着用状況の主流となった。なお、次項目で述べることにするが、１９６６年から１９７６年までの文化大革命時、革命服装文化が服装を国民に浸透していく服装を国民が着用する事になるが、その服装は全て中山服がルーツである。中山服様式の服装がいくつか当時の活動着として制作され、中国の人々は着用することになった。

２　「奇装異服の討論」（１９６４年11月14日）の記事について

（１）話題の発端

「奇装異服」という当時の時代性に合わない奇妙な珍しい服装についての内容が『解放日報』に記載されているという記事が、１９６４年11月14日の『人民日報』にある。その内容は、社会主義の時代になり、中国の服飾社会で、国民が着用したい服装が客の注文を聞き入れなくなり、注文した客は店側の応対に理解できず店員と議論となったのである。客と店側の議論になった服装について、その場の状況を見ていた店員が『解放日報』に手紙で投稿した。そのことがきっかけで、『解放日報』では、読者に紙面上で「みんな、話し合おう！（大家谈）」と、問いかけたのが事の発端である。以下に、店員の手紙の報告を記す。

「1964年5月12日、上海南京西路高美服装店で女性客と店員との間でトラブルがあった。それは、一人の女性客がグレーのズボンを注文し、さらにズボンの裾幅を細くするよう注文した。その注文を聞いて、店員は細くしたらヒップはピチピチになり、小さなズボンになると注文を拒否した。それは社会主義の店では、社会の風習に害を与える商品になるので、そのような商品は作ることが出来ないと女性客に話した。彼女は、〝お金を払うのは私なのに、どんな理由で拒否するのか。しかも私が細いズボンを穿いたら社会風習に影響を与えるのか。このようなズボンを作るのは、資産階級の思想なのか。〟と、女性客は店員に問いかけた。翌日彼女は、再度店を訪れ、前日と同じデザインの注文をしたが、かたくなに店員は拒否した。仕方なく、彼女は別の人に頼んで、買ったズボンを取りに行ってもらった。[2]」

客と店員とが服装の注文に対して議論している現場で聞いていた別の店員が、『解放日報』にその時の状況を手紙で投稿した。その手紙の投稿文を『解放日報』は、1964年6月7日、「絶対に奇抜な服装を拒否する（坚决拒绝裁制奇装异服）」のタイトルで読者の手紙を紙面上に掲載した。それと同時に編集者の話で「どのようにこの問題を捉えるか？（应该怎样对待这个问题嗎？）」と問題提議をした。以後、『解放日報』では、紙面上で読者に4カ月間声をかけた。その間の投稿は、1690件以上の投稿が届いた。

その投稿内容は、『解放日報』の1964年3月～1964年8月と1964年9月～12月の資料にもとづき検索した結果、4カ月間にわたって「奇装異服」について討論内容のまとめが14日間に分けて記載されていた。そこで筆者は、資料収集をし、表にまとめて以下に掲載した。なお、記事の見出しに「界线应该怎样划？──从奇装异服引起的議論（境界線はどのように値するか？──奇装異服が引き起こした議論）」と「这只是服装式样的问题嗎？──从奇装异服引起的議論（これはただ、服装のデザインだけの問題ですか？──奇装異服が引き起こした議論）」が掲載されているが、表に挿入すると見出しが多くなるので、別件で日本語の説明を記したので参照を願う。

（2）討論の投稿内容

表4 『解放日報』の記事に見る「奇装異服」

年月日	版	記事の見出しと記事の中における奇想異服
1964年6月7日（日）	2版	高美服装店の従業員は勇敢に社会の好い雰囲気を保護する（高美服装店职工于勇保护社会好风气）
		「決然として奇装異服の仕立てを拒否する（坚决裁制奇装异服）」 （1）読者の手紙：話題になった内容では、女性客は店員に消費者の需要に満足していない。店員は、社会主義の商業は、社会が受け止めない、社会の風習に害を与えるようなことは商品として作成できないと拒否した。この観念はどのように理解したらよいのか、ピチピチヒップに細い幅のズボン作成（当時の標準サイズは5寸6分。17・0cm）である「奇装異服」は社会的観念からしてどのように考えるべきかの投稿。（顧志輝） （2）編集者の話：読者に議論してほしいのは、例えば「作ったデザインのズボンは、私はいらない。あなたたちは商品を提供する。オーダーするのは自分の気に入るズボンを穿くため、あなたたちは何で拒否する。拒否する理由はなんなのか?」「あなたたちは、私のプライベートに干渉しすぎ」等々。

6月7日（日）		確かに社会主義商業は、出来るだけ消費者の要求を満足しなければならないが、私たち、社会主義の社会のために、客はどんな服装が好きなのか、一般的に個人で自由に選択することができる。しかし、その中に、境界線がある。この境界線をどこに引くのか、読者に議論してほしい」と編集者は読者に問いかけた。
6月12日（金）	2版	界线应该怎样划？―从奇装异服引起的議論 （1）編集者の話：みんな強烈的な 反応を示している。三日間で投稿が357件あった。その中のほとんどの人たちは、高美を指示すると！しかし、一部分の人は自分の限界を示した。 （2）どんな需要に満足するか？（满足什么样的需要？）要するに服装と革靴を通して非プロレタリア、プロレタリアの2種類の興味と2種類の生活方式の卑劣闘争を反映しているので必ずどちらにするか自分の意見をはっきりすべきである（向明中学教师　陈漱石） （3）服を着るのも階級制があるのですか？（穿衣服也有阶级性吗？）投稿者の文章を読んで一つわからないことがある。それは、奇装異服を着ること、髪型、とがった靴を履くことは全く個人の趣味の問題だと私は思う。みんなそれぞれ性格も違うし、趣味も違うので好き嫌いのあるのは当然である。これは階級制の問題ではなく、全く個人の個性と趣味が異なることである。（陆永城） （4）皆は、熱烈的に従業員を支持する。彼らが、社会の良い風習を意識することを称賛する（广大群众热情支持高美职工　赞扬他们维护社会好风気）
6月14日（日）	2版	界线应该怎样划？―从奇装异服引起的議論 （1）顧客は衣食父母であるという言い方は正しいのか！（〝顾客是衣食父母〃的说法是不对的）その当時の顧客は衣食父母であり、実はお金が衣裳父母の代名詞であった。今は社会主義であるから、政治上では店側と顧客は平等である。顧客は衣食父母ではない。という言い方は店員にも顧客にも侮辱することになる。（长风铁产制用品合作社　顧慶青）

（2）どんな心を満足するのか、みなければならない（要看〝称〟什么样的〝心〟）満足する心はなんですかと、私は満足した者にならなければならない。どんな心、どんな意味と、社会風習に合わないから顧客が満足するように合わせることはない。社会に合わない者は、拒否する権利はある（店員）今回の話題の内容は、社会に合わない内容なので、店員は注文を拒否したのは正しいことである。（上海试剂广 高呈祥）

6月17日（日）

2版

界线应该怎样划？——从奇装异服引起的議論

（1）「配慮しない」と「臨機応変」（〝死板〟和灵活）高美は注文者に拒否した。融通の利かないことになる。つまり臨機応変。但し、奇装異服のことは、配慮する問題ではない。商売する時は、政治も考えなければならない。これは、資本主義との経営方式の違うところである。（胡育民）

（2）二つの仕事内容の件（两件份内事）奇装異服の別のニュースが載っていた。タイトルは、「份内」、意味は「仕事の範囲以内です」ということである。内容は、店の店員と倉庫の管理人。一人の女性客のために、アイロンをかけたのが黄色くなったことがニュースに載った。倉庫の管理人は大変良心的であったので、2晩かけて修理した。社会主義商業は、不正当のものの拒否をする。受けるか受けないかは、線を引く。それは、社会主義の正原理でお金の為ではない。「（刘朝君）

（1）商売だけではない（不仅仅是做买卖）女子中学生がお店で靴下を選んでいた。店員は縮まない商品の紹介を女子学生にした。この店員は良心的。当然、社会主義では商品に対して責任を負うこと。これは社会主義の良いところ。だから「高美」は、単純な商売ではなく、政治面を考えなければならない。（浙江商業庁上海办事处 曹南雄）

（2）お金を払う「商品をもらう」との間柄（付錢〝交货之间〟）社会主義の商品は、顧客との間柄で、ただお金をもらうことだけではない。社会主義の商業と資本主義の商業とは異なる。社会主義の

6月17日（日）			商業活動は、お金の責任を負わなければならない。わたしから見たら、女性客の求めを拒否したのは、その客の為である。女性客を資産階級の方針から保護することである。それは、社会主義高度責任感の表現。消費高度な責任を負う表現である（復旦大学 王錦园）
6月28日（日）	2版	界线应该怎样划？——从奇装异服引起的议论	断りにくいについて（所謂「情面难却」）理髪店に新しい客が着た時、新しい髪形を注文するのは拒否できる。しかし、固定客が新しい髪形を注文しても拒否はしない。この議論は、私にとって良い勉強になった。この問題について正しいことについて対応することができた。固定客でも客の要求する正当な内容を受け入れることは良いが、よくない事は説得すれば客も理解できる。技を積極的に向上すれば美しい髪形が仕上がり、客も納得する。自分の腕の磨き所と彼は思った（南京理发公司立法师 威荣炳）
7月12日（日）	2版	界线应该怎样划？——从奇装异服引起的議論	（1）原則を維持すると同時に態度を注意しなければならない（既要坚持原則 又要注意態度）今年の春節の時、ひとりの若者が店を訪れた。男女関係なく、ある一つのデザインを見せたら、その服の注文をした。その服は、外国のスタイルブックに載っている似た服ではなかった。投稿者はホッとした。なぜなら、以前彼は、同じような職場で店員をしていた。同じような状況の下で、社会主義の世界を守りとおせなかった。以前の自分がとった態度は政治責任が必要であった。サービス態度を考えると社会主義の世界では通らない。この時代、奇装異服は一般的には注文することは良くない。奇装異服を注文する人に店員は応対の態度に気を付けながら説得することが必要となる。（长虹服装广工人曹正申） （2）顧客のために高度の責任を負う（正是为了对顧客高度负责）（童涵春国药中心店副経理 包光宇）

7月13日（月）	2版	界线应该怎样划？―从奇装异服引起的議論 （1）遅れた観念に迎合してはいけない（不能迎合落后心理） すべてこの時代は国営だから、「高美」のようにルールを守らなければならない（卢湾区粮食局 单国芳）
7月19日（日）	2版	这只是服装式样的问题嗎？―从奇装异服引起的議論 （1）編集者の話：奇装異服に関する討論は、「大家談」に文書を載せた。主に店の人と客の関係あることは、客と店の境界線を引くことで双方のトラブルが少なくなる。一つの原稿は、一つの問題について、自分の経験を一緒にこなしたらさらに良い。原稿の中の事は、全て真実である。 （2）一つの議論（一场争論） 皆、奇装異服を反対した。でも、一人だけは、奇装異服について違った見方をしていた。彼の言うには、服装は階級制はない。本来はいいとか悪いとかない。わたしたちが反対するのは、行動が良くない人の事は反対する。服装を反対するのではない。社会が発展していけば、服装も発展していく。新しいことができるという事は、ほとんどは見慣れない。（天和电珠广工人　蕒鴻海）
7月23日（木）	2版	这只是服装式样的问题嗎？―从奇装异服引起的議論 （1）私が細いズボンを穿く前後（我穿小裤脚裤子的前后） 投稿者は中学生の頃、資本主義の映画を見た（アメリカの映画）。その時、映画の中の素敵なファッションにあこがれ、中学卒業後、就職してからの給料は全部、自分の憧れのとがった靴、裾の細いズボン、シャツ等々、頭から足先まで奇装異服を買って身に付け、賭博などふしだらな生活をした。しかし上司から、注意され彼は自分を改めた。奇装異服から去り、一二年位前に共産党に協力、仕事にも頑張り、毛沢東語録も勉強、ボランティア活動に力を入れるようになった。彼は、細いズボンにあこがれ興味を示したが、資本階級の健康でないことにうらやましく思った時期があった。仕事にも損失を与えた。奇装異服は、最初から拒否し、警戒しなければいけなかったことだと投稿者は訴えた（許卫皋）

7月26日（日）	4版	这只是服装式样的问题嗎？——从奇装异服引起的議論 （1）奇装異服は私に与えられた危害（奇装异服对我的危害）。私は、奇装異服は美しいものと思っていた。私は、労働者の家庭に生まれたが、奇装異服に関心を示し、遊んでばかり、金使いも荒かった。友達は犯罪でつかまり、生活を改めた。若者の美に対する関心角度の問題はどのように分析したらよいのか、投稿者は新社会の人々は心の美しさを主体に、服装はシンプルでなければならないことになると訴えている。（陈有光）
8月5日（水）	2版	这只是服装式样的问题嗎？——从奇装异服引起的議論 （1）奇装異服はどんなことなのですか！（奇装异服是怎么回事）いま、みんなが言っている奇装異服は健康でなくプロレタリアの嗜好。デザインは奇抜で、肌を露出する服装。だからこの奇装異服は、昔の上海で流行っていた。アメリカが中国を侵略した時、一緒に中国へ上陸したファッションである。わたしたちの言っている新種は社会の発展に合うものでなければならない。奇装異服はそういう服装ではない。 （2）これは新しいデザインではない（这不是〝新式样〟！）上記に掲げたように奇装異服はアメリカが作成した物であり、アメリカの生活方式でもある。新しいデザインではない。
8月14日（金）	2版	这只是服装式样的问题嗎？——从奇装异服引起的議論 （1）服装と趣味（服装与爱好）服装と髪形の趣味の話。全部階級制とは関係ない。奇装異服を追究する人は、悪い人ではないが考え方が健康的でないことになる。（方豪） （2）奇装異服はただ、個人の趣味の問題ですか？（奇装异服只是个人爱好问题嗎？）奇装異腹はそれぞれの趣味の問題である。さらに資産の趣味を反対して、労働人民の趣味を向上させる。これは社会の風習に関わる問題である。単なる個人の趣味の問題ではない。（阿金）

9月13日（日）	2版	議論の大きな意義（議論的大意義） 这只是服装式样的问题嗎？―从奇装异服引起的議論 （1）きれいですか、それとも醜いですか？（是美丽，还是丑恶？）小さな細いズボン、オールバックの髪形など、多くの人たちは醜い奇装異服と認識している。しかし少数派は、美しいと認識していて、しかもきれいな名前を付けた。その名前は「新しい事（新生事物）」とし、この形は本当に美しいのか、それとも古臭いことなのか？私たちがすでに着ている服は、服装が温かさを保ち、覆う役割以外にある程度、生活スタイル方式を表している。いろんな生活方式は、民族の特長以外に階級社会の中にいつも一定の階級闘争の特長が歓迎されている。我が国の労働者の服装は、豊富で多彩で色彩が鮮やかでますます進歩していく。西洋の資本主義社会の資産階級は、各種のおかしな服装を思い出して、その共通の特長がある。今日、奇装異服を反対するのは、資産階級の生活方式を反対するのと同じである。無産階級の勤労節約の社会風習を提唱して、若い世代が永遠に革命をして教育することが意義のあることである。以上の投稿内容は編集者の心証です。

（表４）は、１９６４年６月７日から４ヶ月間に渡って、『解放日報』宛に読者から「決然として奇装異服の仕立てを拒否する（坚决裁制奇装异服）」、「どのようにこの問題を捉えるか？（应该怎么样对待这个问题嗎？）」の投稿があり討論が行われた。それによって、紙面上で読者と討論することになったが、討論の内容を見ると、奇装異服の注文は社会主義にはふさわしくないという回答がほとんどであり、店員が応対した態度は正しかったと述べている。また、奇装異服とは、西洋（アメリカ）から流れてきた服装であると位置づけている。8月5日の討論によると、奇装異服は新しい服装ではなくアメリカが作成した物であり、アメリカの生活方式でもある。

では、新中国が成立してから、中米関係はどのような外交関係だったのだろうか。１９５０年代の中国外交は、アメリカを主敵とし、ソ連と同盟する連ソ反米外交であった。1960年代に入り、中国の外交はアメリカとの敵対を続けつつ、反米闘争、革命運動を支援し、徹底的に帝国主義に対決しなければならないとみなした。また、中国の社会主義は、1955年後半、中国の社会主義建設の基本方針についての集団的・国家的合意を無視して毛沢東の呼びかけの下に中国の農村の集団化が急激に進められ、急進的な社会主義建設への路線が開始された。

（3）討論の意義

「奇装異服」に関しての市民の投稿討論は4カ月にわたって行われた中で、中間の7月19日と最後の紙面9月13日に、編集者の投稿をまとめた記事が掲載されたので両日まとめて討論の意義について以下にまとめる。

1）奇装異服の討論を通して、市民たちは無産階級思想を抱き、資産階級の思想を消滅する教育を真剣に受け止め、資産階級の思想と生活スタイルを阻止する認識を高めた。この討論は、古い習慣を改めることに重大な役割を果たした。

2）討論は、一つの服装のトラブルから強行に行われ、「決然として奇装異服の仕立てを拒否する（坚決裁制奇装异服）」、「どのようにこの問題を捉えるか？（应该怎么样对待这个问题嗎?）」の投稿内容にもとづいて討議された。多くの機関、団体の共産党と共青団もこのことについて焦点をあてた学習会、心の相談会、黒板新聞、壁新聞などを通して一般市民や特に若い人たちが討論を行い、その内容に各個人が認識を高めた。

3）服装を着るのは、生活の中で小さなことのように見えるが、実は生活の中で異なる階級に審美観及び生活指向を反映させる。これは、市民たちが討論を通して得られた一つの共通の結論である。楽なことを好んで働く搾取階級と無職で真面目な職業に従事しない、ならず者から見て、奇抜的な服装は彼らの生活スタイルと心理的要求が落ちぶれているのであるが、それを彼らは落ちぶれたと思わないで要求した。しかし社会主義において、国のために働いている労働者の衣服の好みは、安くて物が良く、着心地も良く便利で、質素で上品な服装を求めた。

4）上海天和電機工場の一部分の労働者たちは、奇装異服は新しいデザインなのかについて熱烈な議論をした。ある人は細いズボンは新しい事であるかどうか。ある労働者たちはこの論点は正しくないのか否か、十分に批判することはできないといっている。彼らは、新聞にこの問題を提出して、各職業の人たちが積極的に議論に参加した。この問題は、資産階級が生活スタイルを提唱するか反対するかの問題だと回答している。このような答弁は、奇装異服を阻止する問題であり、議論はさらに一歩前進した。工場の一人の労働者は、〝これはデザインではない〟とタイトルの中でいっている。いまみんな嫌いになる。それは着られなくなった問題ではなく、資産階級思想、生活スタイルの侵食を阻止するかどうかの問題である。無産階級の思想は、緩めると資産階級の思想が攻めてくる。窮屈で見た目に余裕のない生活スタイルを彼らは理解している。服のデザインは、あくまで自分の嗜好にできるだけ近づけばと誰もが願う事である。

5）上海服装用品講師と西安区衣着用品会社の二人の職員は、服装デザインの変化の具体的な事実に基づいて、二つの方向に進んでいったと指摘した。人民服、中山服が長袍・馬褂と変わったのは、人々の生活と労働の便利さの方向に変化したことにほかならない。これは、多くの人たちの趣味に合っていた。しかし、奇装異服はその正反対であった。それは、アメリカの生活スタイルでの影響で、服装はますますおかしくなり、もともとの着心地の良さと美しさと上品さが無くなっていった。そのため。中山服を新しい服装と言うのは厳密には正しくない。各人が、事実を並べ、道理を説く。やっと「奇装異服」は〝新しい事〟の論点を話すことができた。

上海高美服装店の店員と奇装異服の議論をした女性もこの討論の中に姿勢を正して入ることができた。彼女は、解放日報社に行き、奇装異服の編集担当者に会い、これからは組織と助けのもとで出来るだけ前に進みたいといった。奇装異服が〝新しい事〟と受け止められたのは、今後、ファッションを考えるときの参考になるのではないだろうか。

６）この討論を通して、上海のサービス業に関しての従業員たちは、奇装異服を拒否することを認識しながら、さらに重要なのは積極的に無産階級及び思想を信仰し、資産階級を消滅する古い風俗風習を改める人になりたいと話し、社会商業活動は政治性が強い経済活動であり、古い慣習を改める責任感を強化するべきであると論じている。今日、奇装異服を反対するのは、資産階級の生活方式を反対するのと同じである。無産階級の勤労節約の社会風習を提唱して、若い世代が永遠に革命をして教育することに大きな意義がある。中国は若い世代が、永遠に革命に携わっていくのが理想であると考える。

上述した解放日報に寄せた投稿討論は、社会主義思想の中国での中国国民の声である。このような討論の議論の内容の記事から、討論の意義は何であるのかを筆者なりに論述する。

討論の中でも位置づけていたが、長年、中国伝統衣裳である長袍・馬褂に代わって、中華人民共和国成立以後、人民服と中山服が中国の人々に多く着用されるようになった。それは活動しやすく労働するのにも便利である。共産党の歴史としては、毛沢東はプロレタリア革命に成功し、中華人民共和国の主席となる。１９４９年10月１日、毛沢東は中山服を着て天安門楼上で全世界に向けて中華人民共和国成立を宣言した。そして天安門広場の祝典には中国の多くの指導者が中山服を着用し、参加した。時代が変わっても、中山服は政治的色彩の服装であるから、中国の政治の世界では政治的服装として扱われている。また、人民服は1950年に毛沢東によって中山服の改造版として出現し、公務員や官僚たちに配布された。つまり服装はその時参加する時と場所、状況に合わせて着用する事が好ましい。中国の社会主義の思想が充満している国の雰囲気では、西洋のデザインは社会主義商業において、受け付けられないと応対され「奇装異服」として評価されても仕方がないことである。後は、消費者の判断で物を手に入れるか入れないかを決めることである。筆者は、日常服飾社会に携わる時、TPOを意識することで、出先の雰囲気に合わせることはとても大切なことだと心掛けている。これは、全ての行動に匹敵することで、イデオロギーを越えて世界共通の物に対しての判断ではないかと考える。

なお、『解放日報』の紙面上に、「みんなで話し合おう（大家談）」の読者に呼びかける一コマが毎回掲載されていた。この呼びかけは平等な誘いで、読者も一つの話題に集中して討論できたことで、多くの市民は自分の住んでいる環境に目を向け、社会状況を振り返る一コマとなったのではないかと考えられる。

時代背景と共に移り変わる服飾社会で、「奇装異服」という服装は、いつの時代もどこかで、時代背景に合わない服装がターゲットとなり、ルール違反のファッションとして奇妙な服として人々に注目されているのではないだろうか。

3 文化大革命にまつわる服装の着用状況とその変化

1966年、文化大革命が起り、おさげ、金銀の指輪、イヤリング、腕輪などは封建主義の「残りかす」となり、パーマネント、ネックレス、ブローチ、また一部で流行していたおしゃれなデザインのズボンなど、資本主義の腐敗した服飾と位置付けられ、排除された。

多くの文化が社会主義化の方向に向かい、「労働人民」モデルがすべての人民の理想的な生活として掲げられたことから、社会全体が次第に禁欲主義に移行していった。都会の生活では、最新のファッションと怠惰な生活は、中国人の個人的な地位を失うことになるので、関心を示す気持ちが抑制され、西洋から輸入された服装も街中で見られなくなり、化粧品、首飾りといった装飾品も瞬く間にみられなくなったのである。つまり複雑で、流行の物、高価で華やかな物はこの時代の要求に適合しなくなったのである。

中国の人たちは、簡素な生活様式や服飾だけが社会主義の考え方に適応するものと思い込むようになった。例えば、誰が捨てたかわからない、そのままではもう着られなくなった衣服を拾ってきて、きれいに洗い、まだ使える部分を他の衣服を繕うためにとっておいたのである。既に十分古くなったチョッキも繕って着用し、また破れたらまた繕った。たとえ父親が高級将校であっても、家庭環境に恵まれていたにしても、新しい衣服を買わなかった。ズボンが破けたら繕い、新しいズボンが欲しいはずであるが社会主義教育の強い影響から、新しいズボンでなく、自分で破けたズボンを繕って穿くのであった。自分から進んで他の人の散髪を奉仕師し、街に散髪に行くお金を節約したのである。

その時代に携わる中国人の根本にある考え方は、「一に勤勉、二に節約、三に貯蓄」、「苦労を惜しまず励む闘争が革命の本来の姿である」、「無産階級の幸福とは革命のために戦うことである」、「質素倹約の精神こそが称揚される価値のあるものだ」であった。

上記に述べたような人々とは逆に、生活の享受を追求し、積極的に物を消費し、流行の衣服を身に着けることに時間やお金を費やす人がいれば、それは間違いなく他人から叱責とあざけりを受けることになったのである。

自分の家で作った衣服を着用することを好まないこと。ガラス製の櫛や色模様の緞子で作られた髪飾りや新しい服を求めること。『「服飾に人から賞賛して見られる美しさ」を求めること……』、つまり身に着けるものに気を配ること自体が資本主義の影響であり、「享楽至上」であり、そのような行為は、資本主義、修正主義、帝国主義のものである、と見られたのである。

1966年6月、共産党の内部闘争により激動の社会となった。文革初期は、1950年代の大衆運動を越える暴力闘争となり、知識人が犯罪扱いされるブルジョア制圧運動が始まった。

戦いにおいて自分自身を兵隊と思っていた若く育ちのよい男の子と女の子は、革命の敵と戦うことを余儀なくされた。彼らは先生、友達、近所の人たちなど、時には両親までも裏切り、叩き、苦しめて彼らを自殺に追いやり、或は殺すこともあった。

そして、それらはどうして起こったかを後になって当惑した様子で書き記している安文江は、「無垢の若者を怪獣にしてしまったのは100万人以上の私たちだ」と書いている。文化大革命にまつわる暴力行為は、しばしば婦女暴行の形として現れた。また、性を理由に犯すことができないと思われてきた保守的な社会慣習の偽りを、暴かせる告白の形となって表現されるようになった。（写真4）

写真4　1968年、紅衛兵の教育革命
（出典：浙江省杭州服飾大学教授　劉云華氏提供）

1966—1968年の間に中学、高校卒業予定であった生徒（文化大革命のために卒業が延期され進学できなかった、いわゆる紅衛兵世代）が集中的に農山村に配された。彼らのことを「老三届」と呼んだ。この時、モンゴル生産建設兵団と黒竜江生産建設兵団の知識青年者達は、もちろん人民服（軍便服）を着用したが、その他

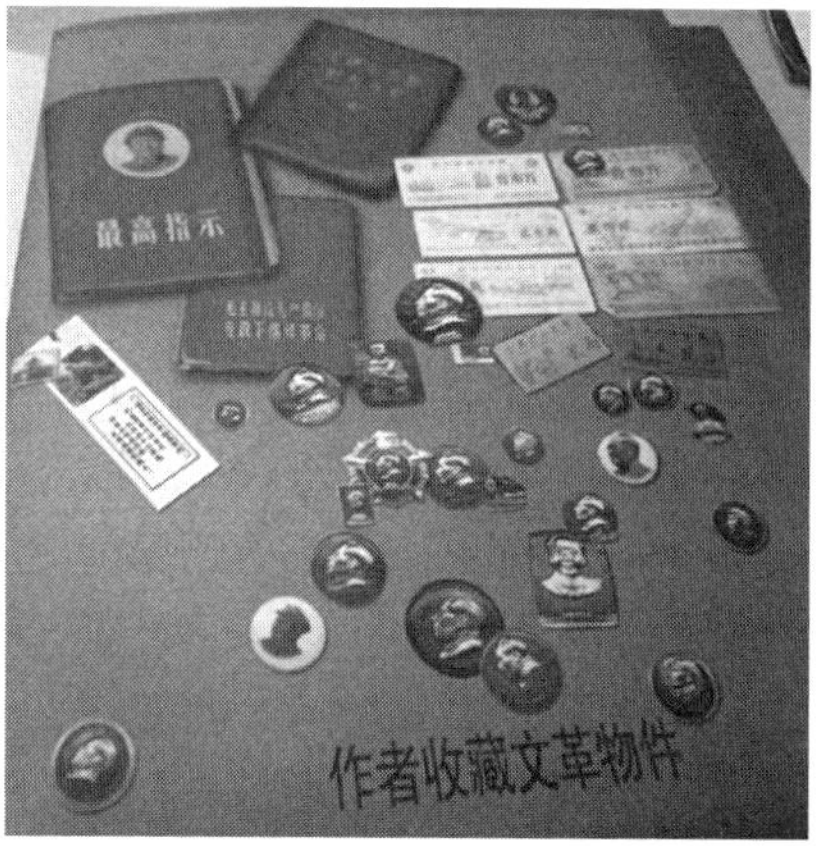

写真6　文化大革命時代のグッズ
（2010年、浙江省寧波服装博物館にて筆者撮影）

写真5　紅衛服のデザイン
（2010年、浙江省寧波服装博物館にて筆者撮影）

の内モンゴルや雲南、江西、河北、山西農村に集団で入ろうとしている知識青年に対しても、国防色の綿入れと綿ズボンが配られた。当時、生産隊に入った知識青年は、毎日国防色の軍服を着用しなければならないと決められてはいなかったが、17歳～21歳の知識青年らは、統一した服装をすれば「一体感」が増すように感じた。それに服装を統一すると優越感を感じた。というのは、軍帽と軍服にベルトを締める着用形態が、現地の農民の怠惰な軍服姿とは異なっていたのである。このように心理的に押された知識青年たちは、自ら軍帽、軍人用のカバンを用意しただけでなく、さらに「軍人用のカバン」の上に、真っ赤な色で「為人民服務」（人民に奉仕する）の五文字位を刺繍した。軍服の着用が普及し、偽物が出回るようになり、街で突然本物の軍帽が奪われる事件が発生するようになった。（写真5、6）

「国民皆兵」のもう一つ重要な内容は、訓練であり、その中に「野外訓練」があった。この時、労働者や知識人、学生、生徒はみな上から下まで軍服

（人民服）にするのを誇りに思っていた。人民服（軍便服）を着ない者は青色や灰色の制服を着用したが、国防色の軍帽を被り背中には「井」の字のように括った行軍用軍のリュックサックをつけ、さらに「軍人カバン」と水筒を肩に斜めにかけ、軍人カバンのベルトに白いタオルを結び、足にはゴム靴を履いた。誰もが軍服や人民服を着用した時代は、「四人組」（文化大革命の時期権力をふるった江青、王洪文、張春橋、姚文元）の崩壊と改革開放の到来に伴って次第に去っていった。労働者、農民は赤衛隊となり、軍便服を着用した。民兵隊も軍便服を着用、その時期、祖国の大地は「全民皆兵」であった。

文化大革命の絶頂期、警察の制服も全面的に軍服をまねた。交通警察の冬服は、藍色の大きな帽子に藍色のズボンとなり、これらの服飾なので、西方都市の趣きであり、それゆえ肌色を緑色に改め、黒の革靴も緑色の開放靴に代わり、帽子の前の警察マークの帽子は、前と変わらなかった。この時代は中山服が基本になって軍服に中山服のデザインを採り入れた。特に「文化大革命時、国民の生活に密着した代表的な着衣」を考慮した服装が作製された。要は、中山服様式の軍服は、国民の生活に密着した数種の服装が中国の服飾社会に出現した。国民は、文革時の激動の時代にその服装に振り回されることになる。中国の軍服は、1929年、毛沢東が創建指導の紅軍で初めて統一した軍服を制作した。中山服様式の上着と西洋ズボンを作製、灰藍色の綿生地、前身頃には二つの蓋付き内ポケット（時代によって蓋付き貼り付けアウトポケットになることもある）が付いていた。襟には、赤い襟章が付いている。そして、身を引き締めるため、ウエストにベルトをした。1931年、新たに中央紅軍学校の制服のデザインを作製したが、作成にあたって国民革命軍の軍服（中山服様式）を参考に作成した。上着は、中山服様式、西洋のズボン、前身頃には4つの蓋付き内ポケットを付けた。生地は、灰色の綿布で、このデザインは、後の中国の軍服のデザインに受け継がれて全軍に普及した。また、1937年、国民革命軍八路軍の軍服を（写真7）に掲げたので参照されたい。中華

写真７　八路軍の軍服
（出典：華梅『中国近現代服装史』、中国紡績出版社、2008年、109頁）

人民共和国成立後も、軍服の改革は中山服様をそのまま受け継ぎ、50年代軍服は、折れ襟、前身頃は４つの蓋付き袋付き内ポケット、緑色の綿生地で作製されていた。１９５５年式軍服は、以前、二つの前身頃の上左右に「蓋なし二つの縁ポケット（両个下暗袋）」だったのが、変化された点は、「前身頃の下のポケットが外された（去掉了下袋）」。新中国誕生後の人民解放軍の服は、依然として西洋式の軍服の範囲に入るものであったが、実際には欧米のデザインを避け、中山服様式のデザインを採り入れ、ソ連の軍服に近いスタイルに襟章も肩章もデザインされた。（写真７）

さらに、１９６５年に中山服様式軍服を改正し、65年式軍服とし、これを１９８５年まで着用した。軍服は一重仕立て、陸軍は緑いろ、空軍は紺色、海軍は白色を着用した。軍服だけが着用時、ウエストにベルトをすることになっていた。中山服と軍服は、肩で着るシルエットである。20世紀70年代は、「老三装（中山服、青年装、軍便服）」と「老三色（藍、灰、黒色）」が主流になった。

４　文化大革命の活動着の種類とその詳細

中華人民共和国成立以後、中山服様式の軍服が基になりアレンジされて、中国の国民たちが社会に参加した時の活動着がいくつか作成された。その数種類の服装を図と表にまとめて以下に掲載する。

表4　「文化大革命」時代、国民の生活に密着した代表的な着衣

	中山服	幹部服	軍便服（人民服）	便服	解放軍服	紅衛服
着衣対象者	主に政治関係者と知識人や資産階級の人たち	新中国が誕生してから、中山服の別の呼び名と扱いを幹部服にした	最初、作製は、官僚や公務員の制服。時代とともに軍服代わりにも着用	気楽に着ていられる、一般国民の服装	人民解放軍の服装	文化大革命の時の紅衛兵（中国国民の高校生たち）が着用した服装
年代	1912年〜現在	1950年〜現在	1950年〜現在	1950年〜現在	1955年	1966年〜1976年
仕立て襟と袖	裏付き仕立てと一重仕立て（夏服）、3種類のパターン。折れ襟。長袖（二枚袖）	一重仕立て。折れ襟。長袖（二枚袖）	一重仕立て。折れ襟。長袖（二枚袖）	一重仕立て。折れ襟。長袖（二枚袖）	一重仕立て。折れ襟。長袖（二枚袖）	一重仕立て。折れ襟。長袖（二枚袖）
素材と色	ウール、綿生地と化繊。灰色から紺になる	綿生地。青色	ウール、綿生地。グレー、黄緑、灰色	綿生地。灰色とグレー	綿生地。青、灰色	綿生地。最初は黄緑、後に緑色
前身頃ポケット数	左胸ポケットの蓋にペン挿し設定。胸ポケットは蓋付きアウトポケット左右。下ポケットは逆山蓋付きマチ付きアウトポケット2個	逆山蓋付きは貼りつきアウトポケット4個	蓋付き内ポケット4個	蓋付きアウトポケット4個。時代の服飾状況に応じてポケットのデザインが変わる	軍服であるから、蓋付き内側ポケット4個	1965年の解放軍の服もしくは軍便服を参考に作製。蓋付き内ポケット4個
シルエット	両肩には肩パットが挿入。ゆえに着用すると中山服は肩で着ている重厚なシルエット	中山服と比べて、アウトポケットのデザインが違うだけ。シルエットは中山服と同じ	ウエストにベルトを締めて軍服に見せかけ、着ることもある。活動的に見える。	時代に応じて、用途いろいろでラフなシルエット	軍服の変形。活動的な着用状況	デザインは解放軍から挿入。襟章と腕章「八一」を省いて作製。ウエストにベルトをするとおもみが出るシルエットになる

人民服（図2）

幹部服（図1）

解放軍服（図4）

便服（図3）

紅衛兵の服（図5）

（1）「幹部服」

解放初期、人々は中山服の基本に中山服の前身頃の4つのポケットを貼り付けアウトポケット（中山服は、マチ入り貼り付けアウトポケット）に切り替えただけで、伝統的な中山服のデザインをそのまま採用した。そのデザインは当時の民衆に歓迎された。

幹部服の着用状況は、主に文化大革命前から文化革命中期頃までが、都会の青年幹部たちに着用された。幹部服は、中山服様式服装といえる。（図1）

幹部服の着用状況は、本章第二節、『人民日報』記事の報告の「表3」にて説明しているので、参照されたい。

（2）「人民服（軍便服）」

中華人民共和国建国時、毛沢東は中山服のデザインを参考に、人民服（軍便服）を作製した。それは、中山服の前身頃のアウトポケットをなくし、代わりに蓋付き内ポケットに切り替え、軍便服・軍便服を制作した。当時、国の経済は中華人民共和国成立前に解放戦争が行われ、経済が緊迫化していた。そのため、出来るだけ国の経済の援助の為、裁断量を減らし、国の経済の負担にならないように前身頃のポケットには内ポケットを採用したからである。軍便服はウール素材で藍色、グレー、国防色が多く、主に公務員、知識青年たちが着用していた。現在でも地方の公務員は着用している。その服装を「人民服」とも言った。

人民服の制服を着た男女は、徐々に多くなっていったようで、職人組織の普遍的な制服を着ることになる。したがって、社会の各階層まで普及し、もちろん一般の家庭の主婦、農村の主婦、小学生に至るまで制服として多くの人たちが着用した。人民服の服飾社会の位置付は、しきたりの中で質素なイメージであっ

写真８　北京市で軍便服着用の中国人（2010年４月、北京「潘家園第八届、全国連環画交易大会」にて筆者撮影）

た。また、社会に対して時代の流れの一種適用した服装であった。また、１９５５年前後は、中山服、人民服、学生服が時代の主流を担っていた。ただ、軍便服と人民服を比較すると人民服の名称は広く、本章２節１項にて、北京紅都服装公司の高黎明氏デザイナーが人民服の作成時を述べているので、その事実は確認できる。しかし、中山服の参考資料の中で、「人民服の存在は定説がない」と廖庫・許星両氏は『中国服飾１００年』で述べている。人民服は、軍便服と比べて中国の服飾社会において着用範囲が広く、「人民服」と云う名前がどの服装が人民服なのか、その理解がむずかしい。時代の変化にもとづいて、中山服様式の服装となった人民服は、制服様として気楽に着る服装であったのではないかと筆者は理解する。（図２）

新中国成立後、中国の服飾社会での軍便服と人民服は、中国国民がそれぞれに着用状況を使い分けていたことになる。

旧正月時、主席が延安を訪問する時テレビで放映される映像の中で、軍便服を着用した公務員が毎年ＴＶの映像に映る。また、北京市の藩家園で、現在も軍便服を着用していた中国人に出会った。（写真８）

（3）「便服」

１９５０年頃、毛沢東は中国の軍服（中山服様式）のシルエットを参考にして、公務員の制服の軍便服（人民服）を発案した。その時、一般の国民向けは、軍便服に似衣服の「便服」を制作した。軍便服はウール素材であったが、便服は一重仕立ての綿素材、色は灰色やグレーが多かった。便服は、文化大革命時代、軍便

写真９「便服」
（出典：『新中国60年服飾路』掲載）

服に似たデザイン（ポケットの位置）で制作された。そして生地の配給制の下で、国民は文革時代に活動着として着用した。しかし、この便服は、時代の服飾状況に応じて、ポケットのデザインを変えて着用していたといわれている。（図３）現在も便服の着用者は、中国の巷で軍便服と共に見かけることがある。この衣服が一般に言われている「中国国民の服装」であったのではないかと、筆者は推測する。（写真９）

（4）「解放軍服」

解放軍服は「人民解放軍」の服装である。図４に掲げた服装は、肩章、胸にバッチなどが付いているが、階級によって違ってくる。人民解放軍は、中国の国防を担任する４軍種からなる国家の常備軍（防衛作戦を主とし、社会秩序維持を従とする）である。中国人民解放軍は、中国共産党および国家中央軍事委員会から指揮を受けて国防を任務とする武装力の中心的存在である。解放軍はいくつかの伝統的な特性を有している。解放軍の服装は革命を象徴する服装であり、１９５５年に軍服が統一され解放軍服が図られた。今日見られる解放軍の服装になったのは１９８７年からである。

文革時の解放軍服は、軍帽、赤い腕章、牛側ベルト、胸に毛沢東の肖像入りバッチが付けられた。人々は、彼らの服装を「紅衛服」と呼んだ。解放軍の服装と違うことは、帽章と襟章がない軍服である。紅衛服は、軍服を手本に模倣して作られた服装である。

（5）「紅衛服」

写真10　毛沢東が紅衛兵への訓示状況
（出典：卞向阳『中国近現代海派服装史』、東華大学出版社、2014年出版、404頁）

1965年、毛沢東は解放軍の陸軍服を着用、天安門広場で紅衛兵たちに面会した。その時、毛沢東は、彼らの行動を賛成することを表明した。以後、紅衛兵たちは、毛沢東との面会時、毛沢東が着用していた解放軍の軍服を参考に彼らの制服とした。（写真10）

なお、紅衛兵たちは、解放軍に先導され、全国のあゆる大学から中学校に至るまで、相次いで紅衛兵組織が作られ（1966年8月、中国で毛沢東の指示のもとに作られ、文化大革命初頭に活動した青少年の組織、後に極佐偏向と内部分裂で崩壊）、小学校も後れを取るまいと次々に、「紅小兵」を組織し、労働者や農民は「赤衛隊」を設け、一時期「国民皆兵」となった。

ただし、この時の「国民全体」とはいうものの、実態は、選ばれた者だけであった。例えば上述の革命組織のメンバーは、自分自身とその家族が、労働者、貧農、下層中農、革命幹部、革命軍人、いわゆる「紅五類（五種の革命的人物）」という者でなければならなかった。これらの紅五類出身の紅衛兵たちは、帽章、衿章や肩章はないが、黄色で「紅衛兵」という文字をプリントした真っ赤な腕章をつけた。本物の素材は綿布、国防色であったが、本物が手に入らない者は、国防色の軍便服を着用したとも言われている。ボタンは全部プラスティックで銅枠が付き、ボタンに「八一」（中国人民解放軍の印）の二文字が印され、形は解放軍（人民解放軍服）の軍服と同じものであった。但し、紅衛兵が着用する時、紅衛服は男女が同じシルエットの服を着用するので、着用時、各々着用者は、男女の打ち合わせを選んで服を着ることになる（男子の打ち合わせは左前上、女子は右前上）。（図5、写真9）

5　軍便服と紅衛服の製図実績、各々のデザインの特長

軍便服と紅衛服の製図

標準サイズ：胸囲（92㎝）、胸囲（80㎝）、腰回り（94㎝）、背丈（40㎝、上着の丈（70㎝）、袖丈（56㎝）を参考に、6分の1の縮図で以下の製図作製をした（次頁）。

「軍便服」と「紅衛服」の製図の比較（図5、図6）

軍便服と紅衛服は、文化大革命中、国民が最も着用した活動着であった。これらの服装の原型は中山服である。今回、中山服の原型をベースに軍便服と紅衛兵服の標準サイズのサンプルを参考にして製図を筆者が作成、前掲した。

軍便服の軍服が解放軍の衣服であり、西洋の軍服に合わせて襟章、肩章などをそれぞれの着用者によって服に付けることになる。軍便服は主に公務員、ある社会的組織について活動している青年たちが着用した服装であるから、中国の服飾社会では大量の生産数である。ゆえに、経済が困難な時代であったから、生地の節約のことを考えて前身頃には内ポケットにし、アウトポケットを付けなかった。裏付きの素材で、色は灰色、国防色、藍色などの地味な色であった。

文化大革命で活動した紅衛兵の模範は毛沢東であった。ゆえに、衣服も当時、毛沢東の着用していた中山

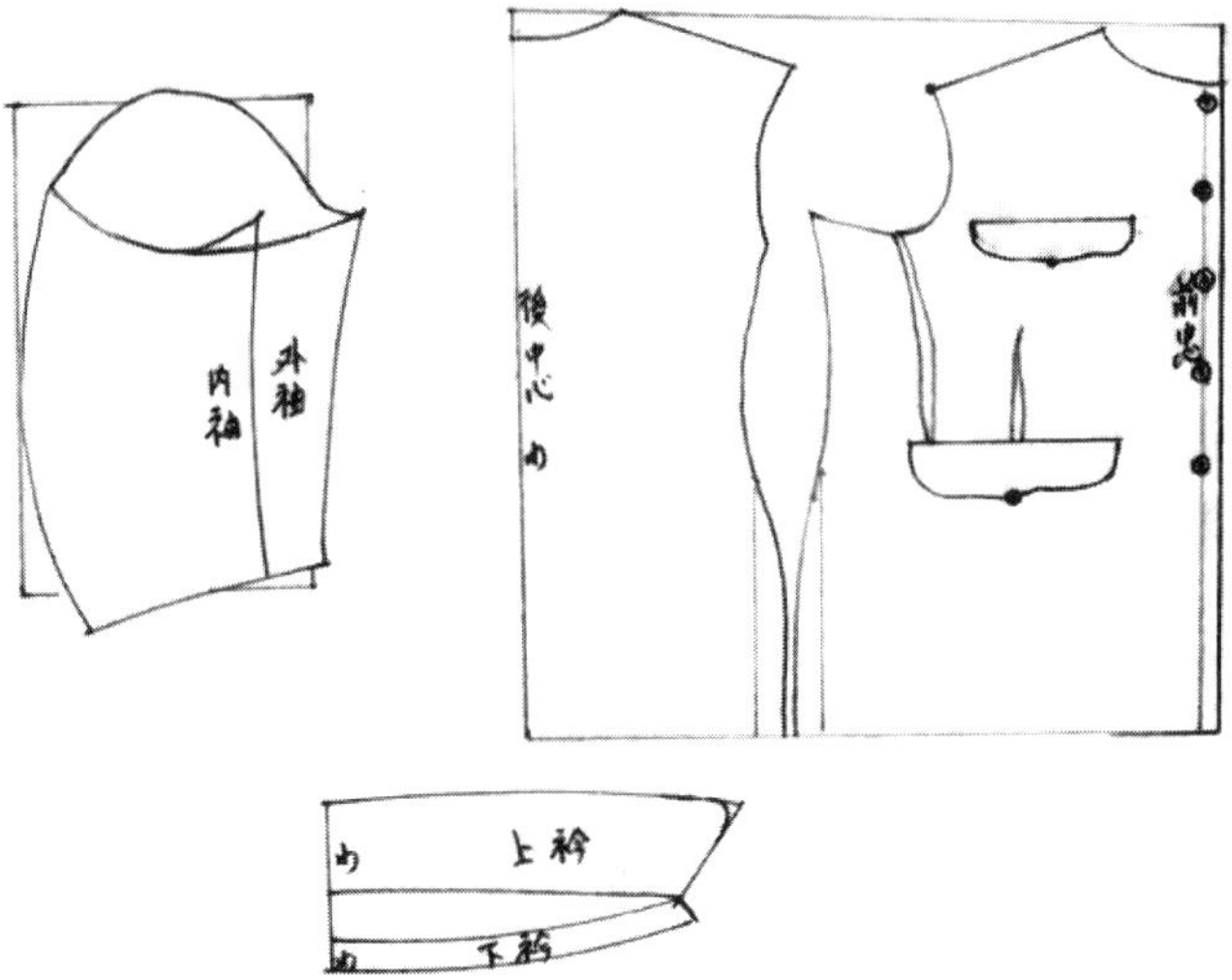

図５「軍便服」 ６分の１縮図（筆者作成）

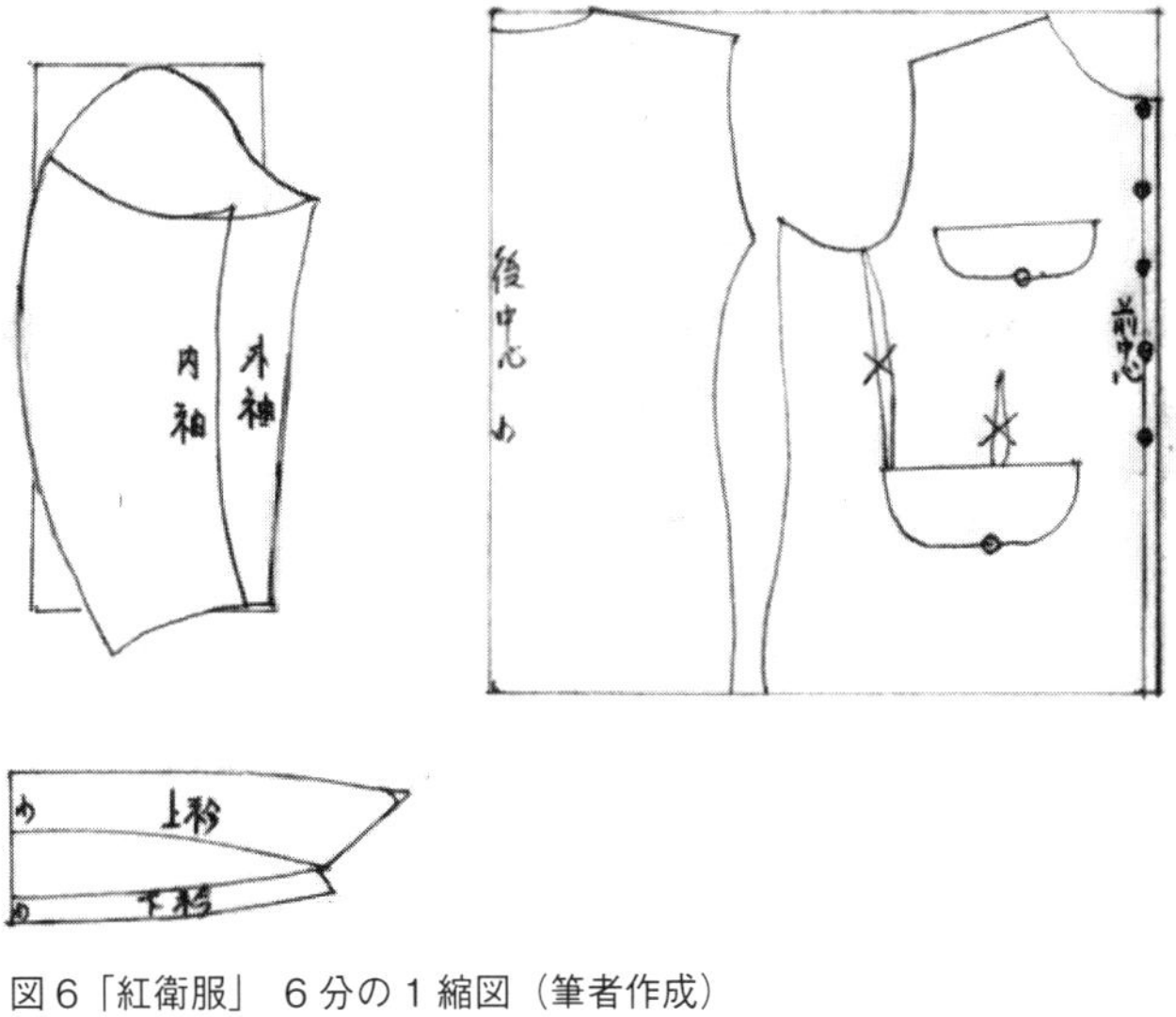

図６「紅衛服」 ６分の１縮図（筆者作成）

服が理想の衣服であった。1966年8月18日、紅衛兵の集会で毛沢東がその時着用していた人民解放軍の服装を紅衛服の活動着に決めたとされている。紅衛服の原型は中山服であり、彼らの前身頃には軍服と同じ内ポケットのデザインであった。素材は綿素材、一重仕立てであり、色は国防色が中心であったが、緑色に変わっていったとされている。

「一般の中国人は出来るだけ紅衛服に近づくデザイン、素材の衣服を個々に作成着用していた。当時、生地の配給制度があり、一般の中国人に配られる生地の殆ど全てを便服に費やして文化大革命時代を過ごした」と中国の体験者たちは語っていた。

先に述べたように、これらの活動着は中山服がルーツであり、製図を作成して軍便服と大幅に違うところは、①紅衛服は、前身頃のダーツを取外している。（シルエットの美しさより、着用して活動しやすいことを重要視している）②衿周りは、紅衛服がかなりのゆとりを持っている。上衿の襟幅も広く、若者に応じたデザインに制作したと理解する。③紅衛服の着用は、若者であるから袖丈は軍便服より長いという3点である。当時冊子の写真で紅衛服着用状況をみると、ウエストにベルトを締め、軍服と同じ外観に見えるように着用していることもあった。

紅衛服は、黄緑色の布地を使い、軍服をまねて作った一種の制服であった。この時期、活動着に改造する前の軍服を着用すればある種、特殊な栄誉を手にいれ、嫉妬と羨望の眼差しはその身に感じることになったのである。実際、本当に限られた人々だけが、この幸運を手に入れることができたとされているが、事実はどうだったのか、その実態は今後の課題である。

全く、ファッションが存在しない時代において、中山服様式の軍服は文化大革命時に唯一誰からも認められた若者のファッションであった。この極端な革命時代に作りだしたファッションは、ほぼ10年間続いた。

70年代後半になって、中山服様式の軍服は徐々に時代遅れとなり、一般の人々の生活では、その姿を見ることはなくなった（ただし、この時期作成された軍服のデザインは、82年まで続いた）。文化大革命時の活動着は、ほとんど綿素材であり、色は国防色で、後に緑色となる。

第3節●文化大革命終了時の中国の服飾

「文化大革命10年間、我が国の服飾業は大きな損失を受けた」と、丁錫強氏と卞向阳氏は述べている。文化大革命中、服装は単調になり、新しいデザインは服飾社会に現れなかった。改革開放初期頃まで、大多数の人々は中山服、軍便服、ある者は合着を着用した。

誰もが人民服を着用した時代は「四人組（文化大革命の時期、権力をふるった江青、王洪文、張春橋、桃文元の称）」崩壊と改革開放の到来に伴って次第に去っていった。

当然文化大革命が終了しても、人々は社会環境が認められた状況の下において、自分の手作りのリフォームした衣生活を過ごしたという。

20世紀70年代後期、男子は、「綿入れ上着（袄棉袄）」を着用し、デザインは中国式服装（図７）の襟と袖を採用した服装である。また、「短い上着（罩衫）」も中国式服装として出現した（図８）。襟は袖と繋がっているドルマン袖のデザインで、外観的には変化の生じた服装が現れた。この服装は、短い上着で前身頃中心が打ち合わせになり、前開きである。図８の合着は、化繊素材なので、丸洗いできる。化繊素材は、しわにならず乾きが早くアイロンをかけなくて便利であった。文革10年間、ほとんどの国民は中山服様式の服装を着

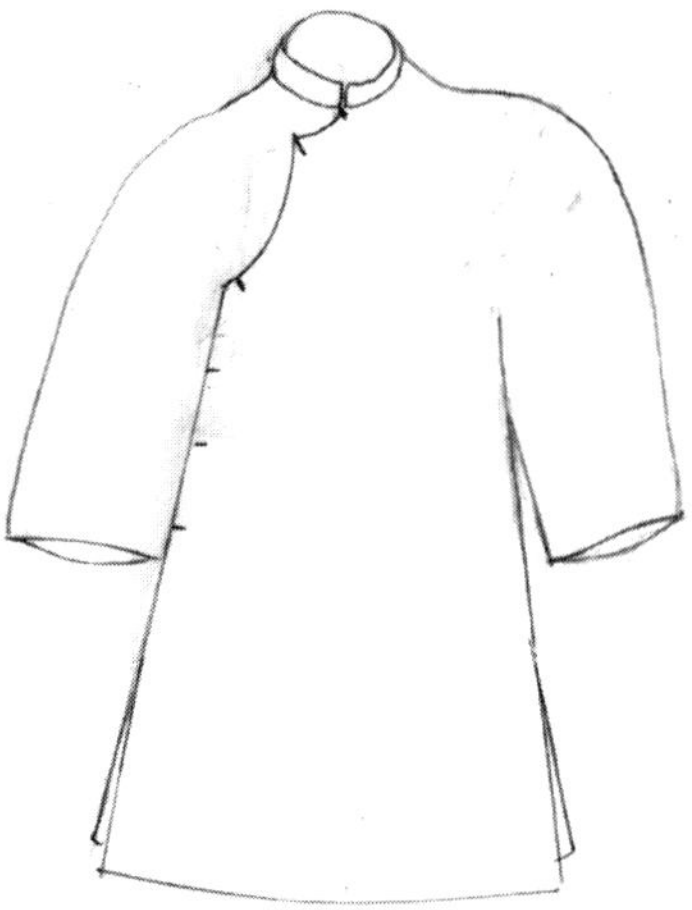

図７　中国式服装（長衫）
（筆者作成）

図８　合服
（筆者作成）

用して、日々過ごすことになった。それゆえに、文化大革命後の罩衫が中国の服飾社会に現れたのは、中山服様式の服装に疲れていた人たちには、ゆとりのある、着やすいデザインとして意義がある服装となり、ファッション性のある服装になったのではないかと考えられる。

　また、当時の上海では、上海服装（集団）有限会社が立ち上がり、服飾の学校を立ち上げ、西服（西洋式服装で主に背広）、中山服、コートなど、専門指導を行った。それによって西服は、中国の人々に日増しに関心を持たれるようになり、着用する人たちが増えていった。１９７９年、上海服装有限会社で学んだ彼らは、1年間学んだ西服制作に専念した自分の西服を卒業式に着用して出席したという。上海の西服の素材は全部ウール生地で、上着は深い色、ズボンも灰色の毛織物素材で作製された。西服のデザインも普遍的であった。前身頃中心は二つのボタン付き、襟はテーラーカラー、前身頃には左胸ポケットを、下左右には一つずつのポケットが付き、背中中心にスリットが施されたデザインであったと丁錫強氏は文献の中で述べている。中国服装の起点は、上海からと言われており、やはり文化大革命によって単調化した中国の服飾社会を、再度活性化する方向に向かったのは、上海からであった。

80年代の中期、冬の訪れには、中国で国民が男女職種階層を問わず、誰もが国防色の軍服式の綿入れコートを着るのが見られた。その理由を追究すると、一つはおしゃれな若者たちが、ダンスホールなど娯楽場へ入ってから薄着にならなければならないが、自転車が主な交通手段とされた当時、室内で着る服装では外の寒さを防げず、毛皮のコートを購入することは当時の経済水準では無理であった。それに加え、数年来流行していた防寒服は丈が短くて足を保温することができないので、便宜上の対処として、月給の三分の一相当の手頃な値段で質の良い国防色の綿入れコートを買った。いったん若者たちが先に着用し始めたことで、軍人用のコートが意外にも新時代のファッションとなった。２００1年筆者が中国万里の長城に観光旅行に行った時、軍人用のロングコートを売りに来たのを一緒に行った友人が１０００円で購入した。[3]

中華人民共和国成立後、男子服装である中国伝統衣裳の長袍と中山服が、中国の服飾社会でどのように中国の人々に着用されていったのかを考察した。結果は、１９５５年頃、反右派闘争が始まり、１９５８年人民公社化運動が起きることになると長袍の着用者は右派とみられがちになり着用する人は少なくなっていった。その反面、中山服は社会主義の政治と共に当時の中国の服飾社会を歩んでいった。

なお、中山服は「国服」であると掲載している文献がある。その件について、中国外交辞典を調べてみると、[4]１９４9年から１９７6年まで、中国外交議事録に国際交流の掲載は21回であった。その中、中山服着用者は20回あり、１９６5年9月、陳毅副総理兼外交部長が背広を着用して中国の外交政策と国際問題について討論会を開催した。１９８5年以後、中山服と背広の着用者が逆転し、外交上の服装はほとんど背広の着用者になった。ゆえに、中山服を外交時着用する人はほとんどいなくなり今日に至るまで、数人の着用者しか見かけなくなった。このことから外交用服装は中山服の時もあり、背広の時もあるという事であるから、中山服は「国服」と決めつけることはできないと考えられる。

なお、1980年、中国は改革開放政策に踏み切った。農業の各戸経営、企業主権の拡大、市場経済の推進、対外開放による外国資本力による技術の導入などを内容とする政策が進められた。そのような状況の中で多数の人民服（軍便服）の着用者は、まず、生地を問題とし、縫製の良さとデザインの目新しさを求め西洋を学び、個性を強調することになった。また、本来、中山服を着用していた人たちは、1990年代に入ると巷で見かけるようになったが、特定の官僚、慶弔に着用する時しか見かけなくなったというのが、改革開放後の中山服着用状況であった。そして民国期までも資産階級や知識人に着用された中国伝統衣裳の長袍は、文化大革命終結以後、全く巷では見かけなくなった。

おわりに

中華人民共和国成立後は、政治の支配者が変わったことで、長袍は中国の服飾社会において全国的に消滅の道をたどることになるが、反面、中山服は階級闘争の影響もあってか、革命の服装となる。そして中山服は、政治的な性格が強くなり、中国国民はますます中山服に関心を示すようになった。新中国成立初期、一般の民衆の服飾は活動着が主流となり、共産党の革命中心になる幹部が着用する幹部服が誕生し、続いて1951年頃から、中山服様式の人民服（軍便服）が作成され、国民の服装の主流となっていく。解放時から大躍進頃までの中国の男子服装は、急激に社会状況が変化し、服装も社会状況と共に変わっていった。軍服を着る民衆は少なかったが、文化大革命が勃発すると〝出身〟階級区分が一番重要だとする理論が唱えられるようになり（唯成分論）、革命派たちが軍服を競って求めるようになった。ゆえに幹部服は、革命運動の象徴として着用する服装となる。中山服は、幹部服のデザインのルーツであり、非プロレタリア、プロレタリアの両者が着用した服装であった。

本章第2節4項で述べたように、この時代の軍服の原型は中山服であり、それを基に新中国成立後から時代背景に沿って国民が着衣する服装を作成している。その服装の原点は、全て中山服がルーツであった。中山服様式の軍服は、改革開放時まで中国の国民に制約され、重要視されていった。劇的な変化の陰には、特殊な事情やイデオロギーが深く関わっていたことを孫文発案の中山服の背景にあると考えられる。そして、なにより中山服の意識すべきことは、中山服はナショナリズムの高まりの中で、孫文が発案した服装である。孫文は、革命の指導者であり、中華民国の創始者として後に国父とも称された。中山服は、孫文の号の「中山」をとって命名された服装であり、清朝まで続いた封建制度を打破し、自由主義を目指して1912年1月1日、中華民国を成立した孫文発案の服装である。ゆえに、中国の人々は、上記に掲げた想いを胸に受け止めているから、今後、いつの時代も「国服」という制約ではなく、中国の服飾社会で人々に国民のカラーとして中山服は着用されていくのではないかと考えられる。

「奇装異服」について、国民の投稿によって4カ月間『解放日報』の紙面を飾った読者の討論の意義であるが、読者の声のほとんどは、社会主義の政治にはふさわしくない服装と批判している。それは、文化大革命より早い段階で、異質な服装が中国の服飾界に現れた話題である。当時の中国は社会主義の政治国であったので、全て社会主義に基づいて国民は生活していかなければならなかった。そのような政治状況の中、当時の国民の服飾状況は、軍服カラーの一色というイメージが強かった。美しさ、着て楽しくなる服装の着用などは、地味で考えられないワンパターンの服装を人々たちは着用していた。西洋文化の影響を受けて、ファッションにあこがれた若者たちは、西洋的な「奇装異服」を着用したいというのは当然ではないかと理解する。しかし、その時代に合わないファッションの要求は、消費者への売買の権利が社会主義商業の店側に合った。奇装異服の話題が新聞に掲載されて2年後、文化大革命が勃発することになる。

民国期から文化大革命までの男子服装の代表である長袍と中山服は、政治と共に服飾社会を共に歩んだが、文化大革命期、長袍は消滅し、中山服は新しい服装のルーツとなる。そして政治状況と共に服飾の変化が生じ、政治と服飾とは密接なつながりがあることが解明できた。以降の服飾界において、中国式服装と西洋式服装は、中国の人々にどのように着用されていくことになるのか今後の課題である。

＊注

1　Antonio Finnane Changing Clouthesin China New Yurk Colombia Universcity 2008 205頁。

2　『解放日報』１９６4年6月7日、2版、顧志輝記者による記事。

3　２００1年3月、筆者は北京へ観光旅行に行き、友人たちと万里の長城を訪れた。万里の長城の頂に着いたとき、周辺にいた中国人たちは、軍便服、便服を着用している人たち（地方から出稼ぎに来た人たちだと想像する）が多かった。観光をしている道中、友人は中国人に上記に掲げたコートを進められ、１着１０００円で購入した。まだ、寒い北京の観光をそのコートを着用して観光を楽しんでいた。後に、私は購入したコートを着用させてもらったが、フリーサイズなので、楽に着られる綿入れなので軽くて暖かだった。（『民族と風俗』第23号（最終号）衣の民族館　２０１2年9月発行　筆者掲載　１９３頁）

4　特約編集者　史革新他、10名、参加編集者 馬孟玲他、36名『中国外交辞典』、世界知識出版社、２０００年。

5　（１８７５－１９６３）沈衡山は字である。本名は沈鈞儒。日本に留学して帰国後辛亥革命に参加した。１９１２年、同盟会入会。中国民生中央主席。大高利夫『中国人名辞典』、日本アソシエーツ（株）、１９９３年。

6　〝五七干校〟は「五七幹部学校」の事である。１９６８年、黒竜江柳河にできたのが最初。１９６９年、機構の簡素化と幹部の縮小で縮小した人員は下放して、農場を開き生産労働に従事した。これも「五・七幹部学校」と言われた。後に、毛沢東の〝五七指示〟の主旨を幹部が実行するための学校とした。

7　「斗、批、改」とは、プロリタリア大革命の過程で強調された。〝斗〟とは、党内の資本主義指向の実権派とその代理人に対する闘争である。〝批〟とは、あらゆる反革命的修正主義、反動的思想、反動的芸術・技術の権威などに対する批判である。〝改〟とは、教育・文学・芸術・その他非社会主義的イデオロギーなどを改革することである。

8　雲南省元陽師範学校は少数民族の師範学校。

終章　おわりに

本書を書き終えるにあたり、ここで本論の総括を述べたい。「中山服」は、孫文の発案した服装で、民国元年、中華民国初代臨時大総統に就任した時、自ら着用したことによってこの世に出現したものである。民国期から、中華人民共和国時代に勃発した文化大革命終結までの中山服にまつわる男子服装を中心に、時代によって変化する服装状況について考察したことを以下に述べる。

満州族から漢族に受けつがれていった中国伝統衣裳の代表である「長袍」が、長い間、男子の代表的な服装であった。民国期に入っても、長袍は正装着として中国人に愛用されていた。清末期頃より、西洋の風が入るようになり、それに伴い西洋式服装を着用する人が現れ始めた。それが第1章で論述してきた「紅幇」である。19世紀末に紅幇の製作を通して日中の友好交流がなされていた。当時、ほとんどの日本人は着物を着用しており、背広を着ている人はわずかであった。一方上海では、紅幇裁縫師があふれていて、仕事を求めていた。彼らは、日本ではこれから洋服が普及していき、自分たちにも仕事が入ってくるだろうと考えて寧波の港から横浜港を目指して渡航した。日本の背広作りは、中国人テーラーの指導によって始まった。その後、中国人テーラーの店が横浜に急速に増え、日本の仕立て人に背広作りが伝授された。その頃の日本の背広の仕立て人は、足袋職人であったと言われているが、当時の服装についての記録がない。19世紀末頃の社会状況を書いている文学の中で、フロックコート、背広といった記述を目にして、この時代に西洋式服装を採り入れたことを推察したに過ぎない。

中国人テーラーから日本の仕立て人が背広作りを学んだことは、現在の日本の男子服装の土台になっていると考える。「紅幇」に関わる疑問点は数多くあるが、今から150年前の事であるから、内容は曖昧なことが多い。日本寧波同郷会の会員である張明峰氏や横浜博物館の学芸員たちは、紅幇について現在も研究を進めている。さらに筆者も紅幇について、研究を続けていく所存である。それは、孫文の発案に協力した紅幇裁縫師たちの存在は、今日まで続く中山服の変遷に大きく関与していると考えているからである。

孫文は民国時代、自身の政治的思想を人民に伝えるため、また、彼は中山服を世に広めるため、公の席に出席する時はほとんど中山服を着用していた。その傍証として中国南京市に存在する総統府、中山陵、上海市の孫中山文物館などに、時代背景と共に孫文の中山服着用の写真が掲示されている。「第3章3節長袍と中山服」の「表1―1　生活―孫文と宋慶齢」で中山服着用の孫文の写真を掲載した。これらの写真から、以下のことが読み取れる。

孫文は、出かける場所や状況に応じて着用する服装を選んでいた。政治にまつわる集会時では中山服を着用し、政治と関わらない集会では背広を着用していた。また、くつろぎ着として長袍や企領文装も着用していた。彼は、中山服を生み出す際に中国の人々にとって親しみやすい服装になることを心掛けていた。

第1章で、「紅幇裁縫の起源は日本である」と述べている数人の著者がいると第1章で掲げた。筆者は紅幇裁縫に関わる日本で中国人テーラーとして貢献した紅幇裁縫師たちを追跡調査した。その結果、中国浙江省鄞県と浙江省奉化県の出身者は、山奥の農村で野菜の収穫も少なく、働いても生活は豊かにならなかったので、部落のリーダーたちが、衣服の仕立て人を育てた。紅幇裁縫師として上海の服装店の仕立て仕事をした。それが自信につながるきっかけとなり、彼らは日本へ渡航し、中国人テーラーとして日本に貢献したということである。

また、「中山服の原型は背広である」という説がある。この主張は、紅幇の資料の関係者だけではなく、中山服の研究者の多くが一様に指摘していることであるが、筆者はその主張に疑問を持ち、事実を追求することにした。型紙起こしは、筆者の専門分野なので、それによって明らかにできるのではないかと考えた。背広と中山服の基本原型に着用者の寸法を挿入して作図していくと、出来上がりの型紙は全く別のシルエットになった。また、第2章3節で紅都服装店の男子服装のデザイナーである高黎明氏も述べているが、中山服は立体裁断で製作することが、一番着用者の体になじむ洋服が出来上がるということである。それに対して背広は、平面の型紙から作図される。以上のことから、「中山服の原型は背広である」という説には疑問が残る。そして、孫文の日常着用している服装から写真で見る限りでは、背広のデザインには関心がないようにも見うけられる。

中山服に採用した衣服のデザインには、別の説がある。孫文は1895年、広州で最初の武装蜂起に失敗して日本へ亡命したといわれている。その時、孫文は日本滞在中、日本の学生服に関心を持ち、時々着用したとのことである。著者の安毓英氏、金庚栄氏は日本の学生服のデザインは中山服のデザインに採用したと述べ、また、胡波氏は、中山服のデザインは東京帝国大学（1886年制服採用）の学生服を採用したと述べている。学生服は、中山服と同じく背幅を中心に製図をし、肩パットも入れる。がっちりしたシルエットやトレードマークである立ち襟のデザインも中山服と共通する。

以上のことから、中山服のルーツは学生服ではないかと考える。長い間中国人に着用され続けてきた中国式服装は、「上下一体型」であった。それに対して西洋式服装の背広は、「上下分離型」である。中山服は、背広と同じ「上下分離型」であるため、「中山服の原型は背広である」と言われるようになったのではないかと推察する。

第3章第2節では、民国期は、服飾制度が民国政府によって、数回に渡って規定された「民国服制条例」、「警察制服条例」、「新服制条例」を解読し、それに伴う服飾の変遷を掲載している。、清末まで礼服となっていた長袍は常礼服となり、長袍を着用する時は、西洋式帽子を被り、革靴を履くことを規定された。新服制条例においては、長袍は新たに国内の礼服となる。長袍は、襟と袖に華やかなデザインを採り入れた。また、中山服は、民国期の服制条例には、条例の項目に掲げられていない。さらに中山服は、「中山服様式」として警察の制服、公務員の制服など、いくつかの制服が規定され、背広と共に外交上の服装となった。国家権力と中山服の広がりを考えるならば、民国期の服制条例に中山服の条例項目が規定されていてもおかしくはない。孫文が世を去ってから、孫文の名字に由来して「中山服」という名称になったと伝えられている。

上述した民国期の服飾制度がどのように定着したのか検証した。まとめて、時代背景と共に内容を分析した。長袍は支配層や知識人に愛用されていた。そして着用状況の観点は、年齢別ではなく、身分や階級で分けられていることがわかった。一方長衫は、若者に知的なイメージで愛用されていた。中山服を着用している人は、重厚な雰囲気が漂っている。中国伝統衣裳は、「上下一体型」であるのに対し、中山服は、「上下分離型」の政治的色彩を帯びた中洋混合式男子服装として限られた人たちに着用されていた。民国期から中華人民共和国に至るまで、支配者が変わるごとに政治も変わり、それに伴い、着用される服装も変わっていった。

第4章では、中華人民共和国時代の長袍、中山服と幹部服について時代背景と共に中国人の着用状況を『人民日報』の記事にて収集し、確認した。長袍のデーターは、解放時の記事だけで、長袍の着用状況は2

日間の取材のみであった。長袍は民国末頃より着用者が少なくなっていった。1950年後半頃より中国は社会主義国家となり、1958年の「大躍進」政策の失敗によって物不足が深刻になり、多くの物資が切符制になった。そして人民公社が農村に設けられ、農業生産合作社と地方行政機関を一体化した。このような社会状況の中、中国式服装代表の長袍、長衫などの記事は、社会的意義を失い起用されなくなっていった。

幹部服に関する記事では、解放戦争（国共内戦）の頃より革命に関心のある若者が解放軍に参加する時に幹部服を着用したとのことである。1949年、中華人民共和国成立時、中山服は国の政治的指導者が着用し、毛沢東率いる共産党の幹部は、革命の象徴である中山服様式の幹部服を着用した。幹部服の外見は、中山服と変わらなかったので、国民は双方の服装の着用者を見て、中山服と幹部服との区別がつかなかったことが多かった。文化大革命が始まる前より、中山服は中国の服飾社会において曖昧な立場であったが、幹部服は革命の象徴の服装であった。

幹部服は、本来、解放戦争後期（国共内戦）、全国の各都市で次々に解放されると同時に、多くの幹部たちが南下し、解放軍兵士の管理と解放軍に関わる仕事をしたので、官僚との区別をする目的で国は幹部服を作製した。中山服との違いは、中山服の前身頃に付いている4つのアウトポケットが貼り付けポケットになり、一重仕立てとなった。因みに中山服は、前身頃の4つのポケットがマチ入り貼りつきポケット、裏付き服装である中山服様式で幹部服のシルエットは中山服と同じであった。

1966年8月8日、中国において文化大革命が勃発したと同時に、中国の服装は中山服様式服装一色となった。それは、人民服（軍便服）、便服、幹部服、解放軍服、紅衛服などで、1976年の文化大革命終結まで、中国国民の活動着として着用された。長袍は、社会主義国家には、ふさわしくないと同時に労働着でないとのことで拒否され、文化大革命において紅衛兵たちから没収され、地方によっては、焼却されたということであった。

中華人民共和国が成立してから、毛沢東は、自身の政治的思想に基づいて革命的な服飾文化を作り上げていった。孫文は革命の父と言われたが、毛沢東も革命家であった。革命を立ち上げることによって孫文は中華民国を築き、毛沢東は中華人民共和国を誕生した。孫文はブルジョア階級を支持し、毛沢東はプロレタリア階級を支持した。両者は、革命家であったがイデオロギーの違いで相反する立場であった。

第4章第1節2項で、上海の服装店で女性の客の注文状況を受け入れなかった店員との騒動が話題にした記事を取り上げた。その記事こそ、当時の社会主義国家における服装事情を顕著に表した記事であったので論中に掲げた。1964年頃は、中国の人々の着用する服装は皆、軍服と同じようなものであったので、人々はそれに反発したかったのであろう。奇装異服は資産階級の物で、一般の人にはふさわしくないものとして扱われたのだと考えられる。中国の服飾社会は、政治とは切り離せない強い繋がりがあるといえる。

1949年10月1日、中華人民共和国が成立してから文化大革命終結まで27年間は、中国の服飾社会において農民文化が栄え、それからは中国人の服装は軍服一色という地味なものになり、中山服様式のデザインが中心となった。1976年9月9日、毛沢東の死は、ひとつの時代の終わりをもたらし、毛沢東の妻、江青を含む「四人組」は逮捕された。他の生活面と同じく、服飾においても革命は発展に道を譲ることになった中国人は、「中山服様式にうんざりする思いだった」と語っている。そして、文化大革命で貴重な文化を破壊し、とても残念だとも語っている。このような社会的な打撃は、世界でも例のない社会状況だったのではないかと思われる。上述したように、伝統的な中国伝統衣裳は、見かけることが無くなった。そして国民は終結後、服飾に対しては無法状態だったということである。しばらくは開襟の白いブラウスに黒いズボンというシンプルな服装で、中山服様式服装は、見たくない、触れたくないというのが現実であった。

1980年、改革開放の動きにともない、その後の人々は西洋式服装を求めて楽しく着用するようになった。民国期に誕生して文化大革命終結まで（1912年～1976年）、中国の国民に着用されてきた中山服は、現代の若者たちに支えられながら、これからも中国の服飾社会の歴史を背負い、人々に着用されていくことになるだろう。中華人民共和国が成立して文化大革命終結までの27年間は、短い期間であったが、実は中国人にとって長く苦しい政治体制であり、衣服も革命の服装を強いられた時代であった。それゆえに、中国の人々は軍服一色の服装から解放され、全てのことを自由にできる社会を望んでいたのではないかと推測する。

今から29年前、上海駅で衝撃的な光景を目の当たりにして、中国の服飾社会に関心を持ち、中山服の研究を続けてきた。その研究を進めるうちに、中国の服飾社会はいつの時代も政治と密接な関係があるという事実を認識した。今回提示して解決に至らなかった課題に関して、より一層の問題解決に向けて尽力をし続けるとともに、今後も中国社会の変遷に伴い中山服がどのように人々の生活と関わり続けていくのかを研究していきたい。

出版にあたり、これまで温かな多大なご指導を賜りました劉永昇編集長には心から御礼申し上げます。なお中山服の研究を論じるにあたり、近現代の歴史学をご指導くださいました黄東蘭先生には、多大なお力添えをいただきまして心から御礼申し上げます。

本書を出版するにあたり、約10年の歳月がかかりました。中国の近代から現代までの歴史に基づいて追跡調査をしなければならないことも多く、主に母体は中国のことが中心でしたから、中国の方々には大変お世話になりました。特に档案館では、中国の歴史的背景の実証を掲げる必要性がありましたので、それに関わる所を紹介していただき、多くの貴重な資料を挿入することができました。また、紅帮が中国の上海で栄え、

1945年頃南京と北京に新たに中山服制作の店を開業した北京の紅都服装店デザイナーの高黎明と南京の李順昌服装有限公司のインタビューを本文中に掲載していますが、これは中山服の歴史に残る貴重な内容です。インタビューをしていただきました徐永智様と王文博様には心から感謝申し上げます（お二人は名古屋外国語大学に一年間留学されていました）。

また、英文の翻訳にご協力くださいました鈴木正子様、中国語の翻訳に多大なお力添えを下さいました坂井田ひとみ様、李航様たちには心から厚く御礼申し上げます。

最後になりますが、前述しましたようにこの本を出版するまでに10年の歳月がかかりました。文の入れ替わりが多く、特に第3章での写真やコメントの入れ替えはとても大変な作業でした。その困難な仕事をいつも身近で支えてくださいましたのは、プログラマーの小川美紀子様でした。長い時間はかかりましたが、おかげさまで出版にこぎつけることができました。本当にありがとうございました。かかった時間は決して短い歳月ではありません。まだまだ多くの方々にお世話になりましたが、すべてのお名前をここに挙げることはできません。この場をお借りして、改めて心から御礼申し上げます。

今後、この本が国内にとどまらず世界の服飾に関心ある皆様にお読みいただき、アジアの伝統服飾文化に関心をお持ちいただけますことを期待いたします

（資料）

第１章

資料１　服制条例（1912年）

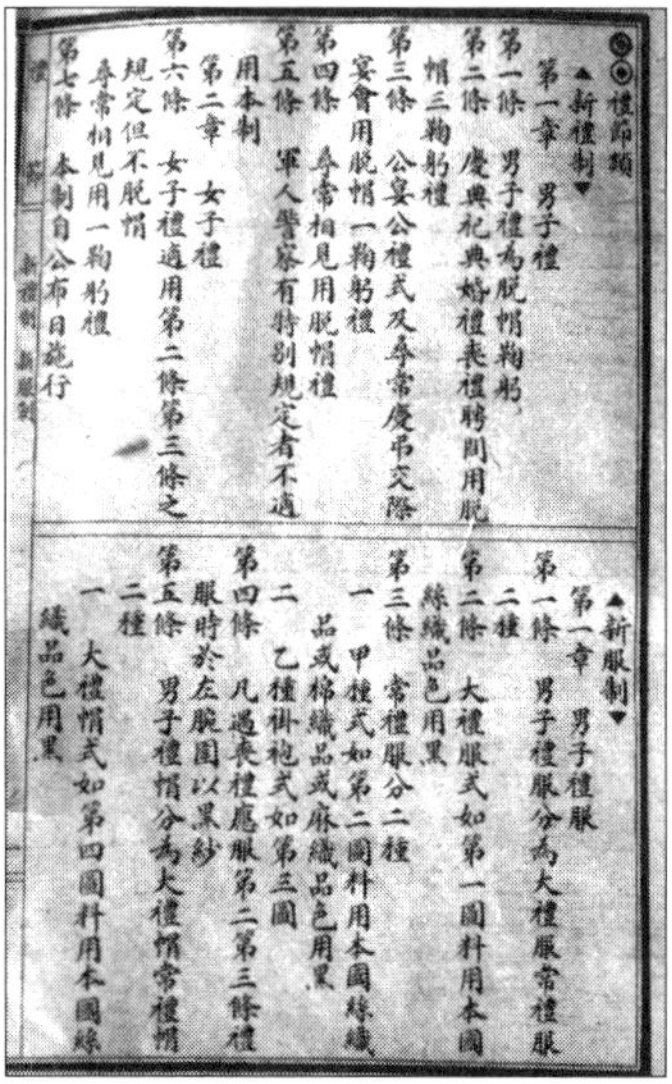

◎禮節類

▲新禮制▼

第一章　男子禮

第一條　男子禮為脫帽鞠躬、

第二條　慶典祀典婚禮喪禮聘問用脫帽三鞠躬禮

第三條　公宴公禮式及尋常慶弔交際宴會用脫帽一鞠躬禮

第四條　尋常相見用脫帽禮

第五條　軍人警察有特别規定者不適用本制

第二章　女子禮

第六條　女子禮適用第二條第三條之規定但不脫帽

尋常相見用一鞠躬禮

第七條　本制自公布日施行

▲新服制▼

第一章　男子禮服

第一條　男子禮服分為大禮服常禮服二種

第二條　大禮服式如第一圖料用本國絲織品色用黑

第三條　常禮服分二種

一　甲種式如第二圖料用本國絲織品或棉織品或麻織品色用黑

二　乙種褂袍式如第三圖

第四條　凡遇喪禮應服第二第三條禮服時於左腕圍以黑紗

第五條　男子禮帽分為大禮帽常禮帽二種

一　大禮帽式如第四圖料用本國絲織品色用黑

出典：『日用寶鑑』、上海共和編訳局、1914年、1頁。

資料２　服制条例（1912年）

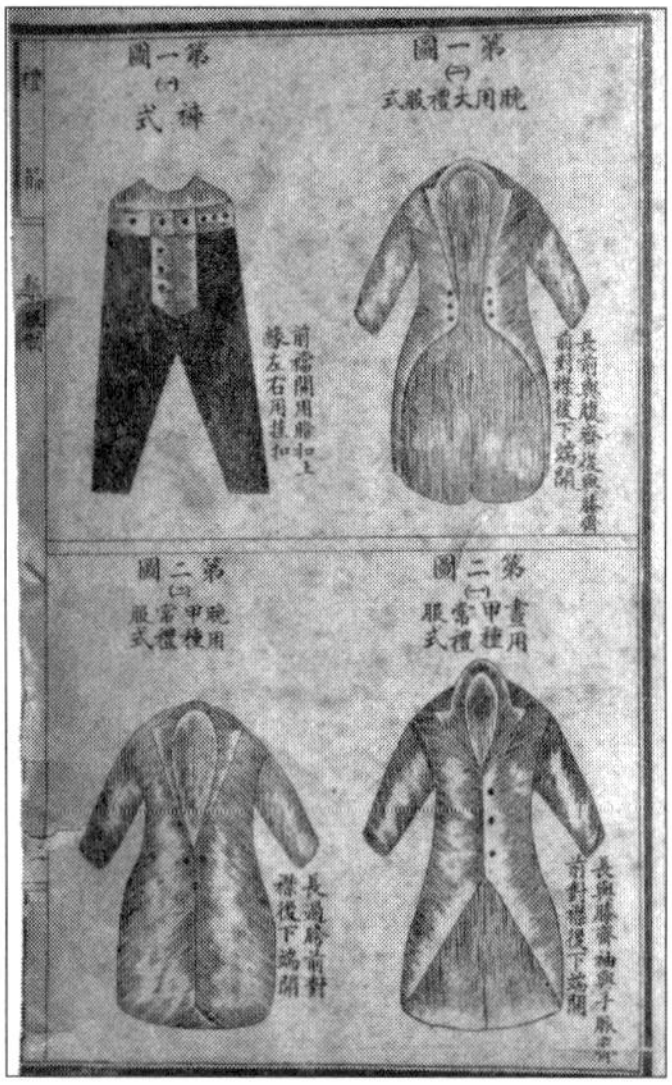

出典：『日用寶鑑』、上海共和編訳局、1914年、2頁。

資料 3　服制条例（1912年）

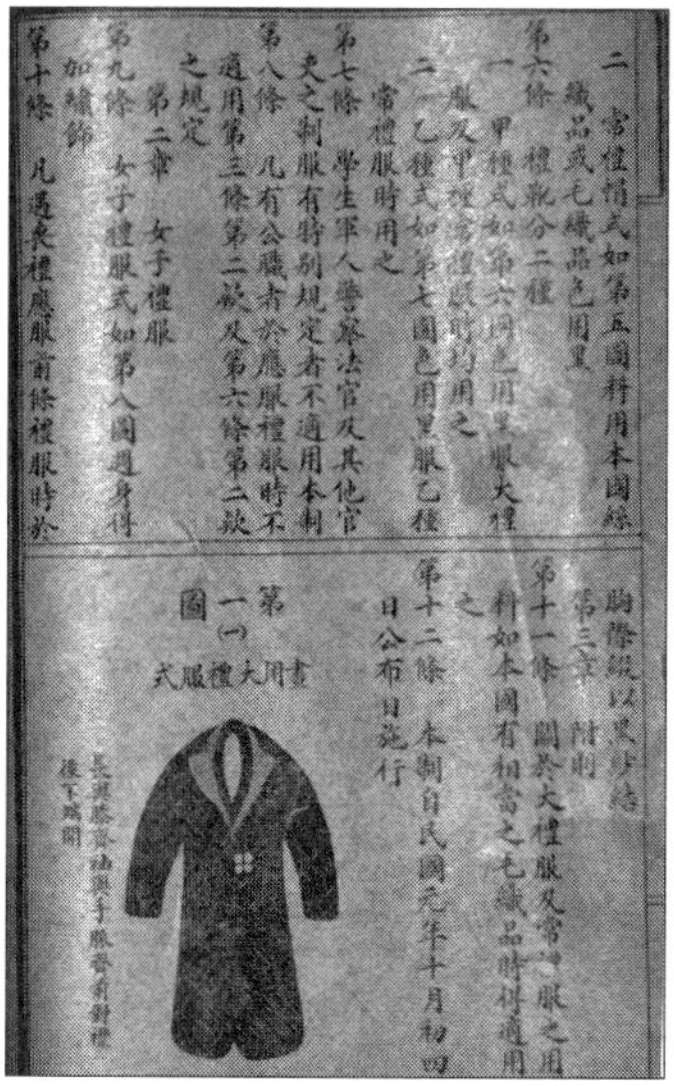

二 常禮帽式如第五圖併用本國絲織品或毛織品色用黑
第六條 禮靴分二種
一 甲種式如第六圖色用黑大禮服及甲種常禮服時均用之
二 乙種式如第七圖色用黑服乙種常禮服時用之
第七條 學生軍人警察法官及其他官吏之制服有特別規定者不適用本制
第八條 凡有公職者於應服禮服時不適用第三條第二款及第六條第二款之規定
第二章 女子禮服
第九條 女子禮服式如第八圖週身得加繡飾
第十條 凡遇有禮應服前條禮服時於胸際綴以黑紗結
第三章 附則
第十一條 關於大禮服及常禮服之用料如本國有相當之毛織品時得適用之
第十二條 本制自民國元年十月初四日公布日施行

出典：『日用寶鑑』、上海共和編訳局、1914年、1頁。

資料 4　服制条例（1912年）

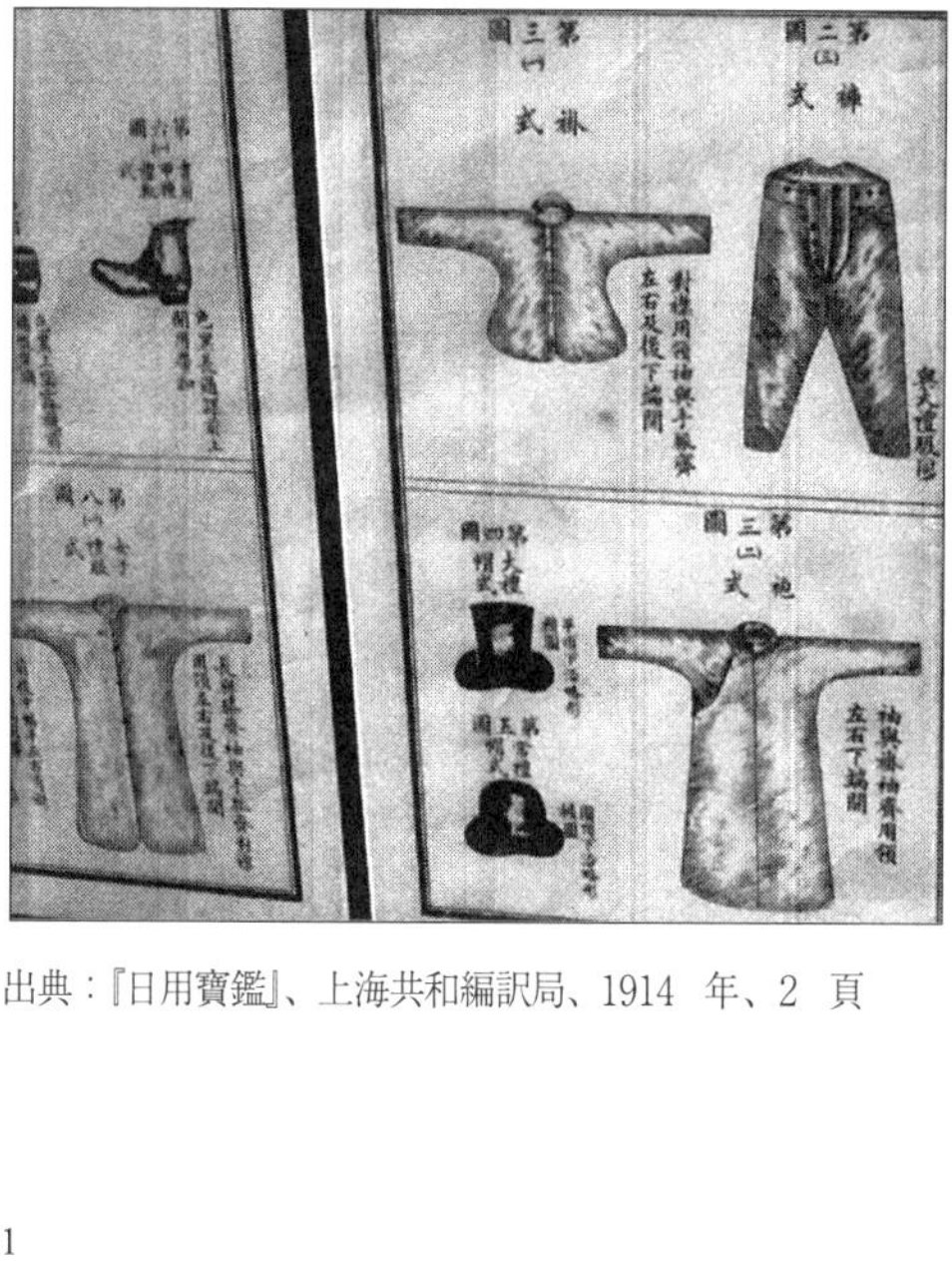

出典：『日用寶鑑』、上海共和編訳局、1914　年、2　頁

資料 5　服制条例（1912年）

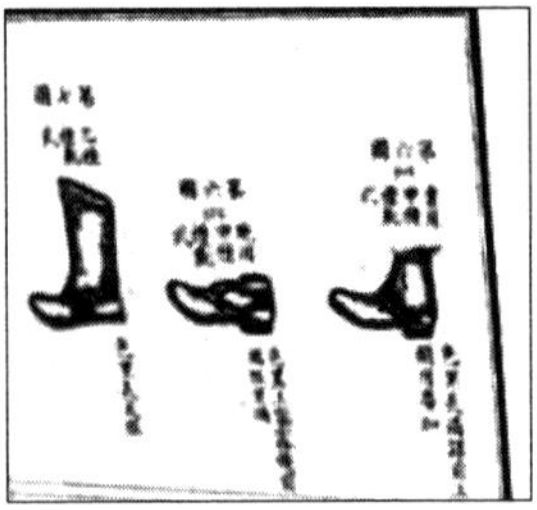

出典：『日用寶鑑』、上海共和編訳局、1914年、2頁

資料 6　警察制服条例（1928年）

警察制服條例（民國十七年十一月四日內政部公布）

第一條　警官警士之制服應依本條例之所定
第二條　服料以本國棉織布質爲之
第三條　帽依下列各款製成之
1 徽　黨旗式中嵌紅色安字篆文銅質徑一寸圓形藍色　2 章　白色布帶一道寛與帽牆等　3 簷　革質表黑裏綠（圖見後）
第四條　衣依下列各款製成之
1 製式　中山裝式長過胯但領用學生裝式　2 鈕　徑七分色與衣同圓形平面角質或骨質（圖見後）
第五條　袴用中山裝式（圖見後）
第六條　外套用長形藍裏長過膝（圖見後）

出典：立法院編譯處編『中華民国法規彙編』、中華書局、1934年、48頁。

資料７　警察制服条例（1928年）

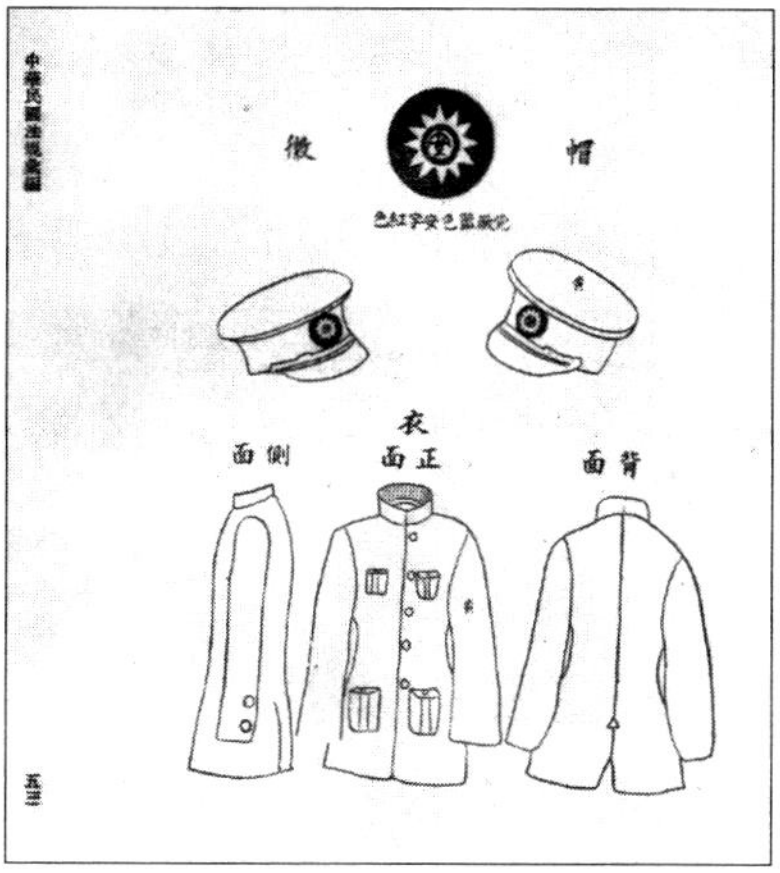

出典：立法院編譯處編『中華民国法規彙編』、中華書局、1934年、53頁。

資料８　服制条例（1929年）、礼服

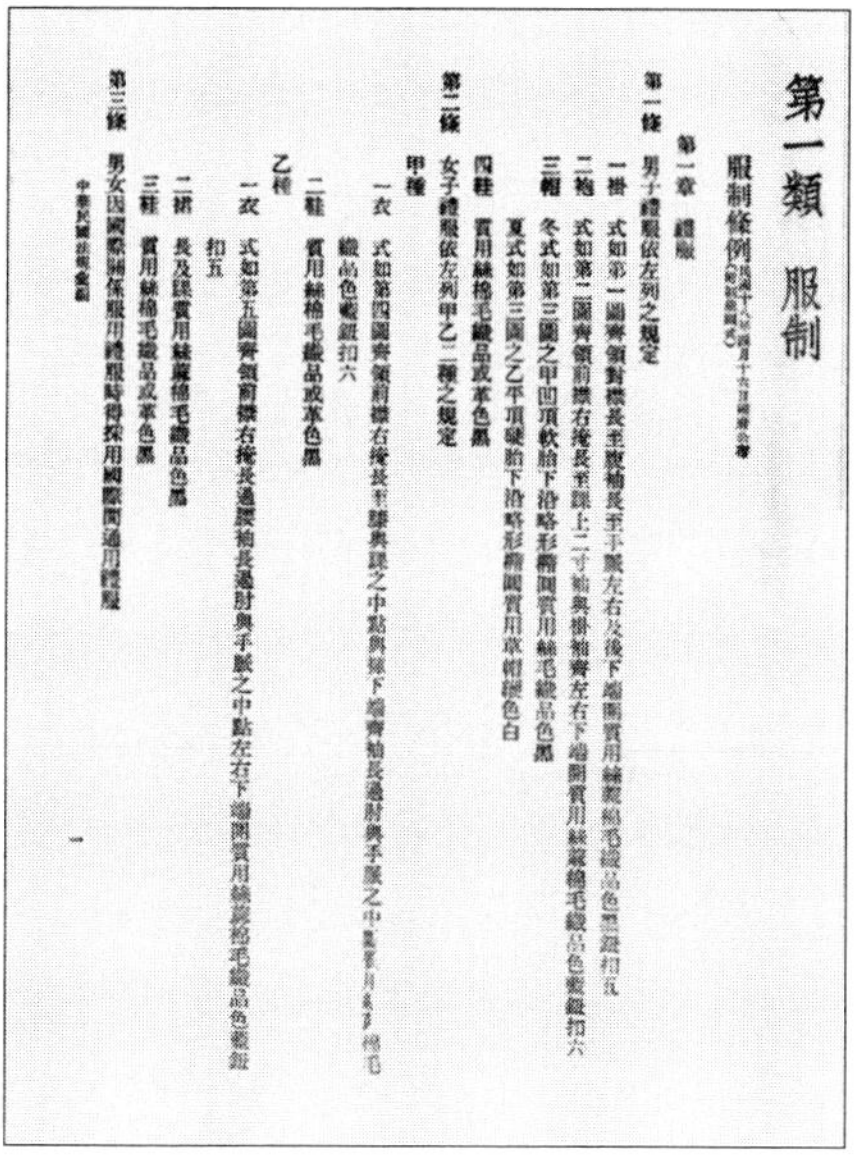

第一類　服制

服制條例（十八年四月十六日國府公布）

第一章　禮服

第一條　男子禮服依左列之規定

一褂　式如第一圖齊領對襟長至腹袖長至手脈左右及後下端開質用絲麻棉毛織品色黑鈕扣五

二袍　式如第二圖齊領前襟右掩長至踝上二寸袖與褂袖齊左右下端開質用絲麻棉毛織品色藍鈕扣六

三帽　冬式如第三圖之甲凹頂軟胎下沿略形橢圓質用絲毛織品色黑

夏式如第三圖之乙平頂硬胎下沿略形橢圓質用草帽辮色白

四鞋　質用絲棉毛織品或革色黑

第二條　女子禮服依左列甲乙二種之規定

甲種

一衣　式如第四圖齊領前襟右掩長至膝與踝之中點與褲下端齊袖長過肘與手脈之中點質用絲麻棉毛織品色藍鈕扣六

二鞋　質用絲棉毛織品或革色黑

乙種

一衣　式如第五圖齊領前襟右掩長過腰袖長過肘與手脈之中點左右下端開質用絲麻棉毛織品色藍鈕扣五

二裙　長及踝質用絲麻棉毛織品色黑

三鞋　質用絲棉毛織品或革色黑

第三條　男女因國際關係服用禮服時得採用國際間通用禮服

中華民國法規彙編

一

出典：立法院編譯處編『中華民国法規彙編』、中華書局、1934年、1頁。

第2章

資料 9　服制条例（1929年）、制服

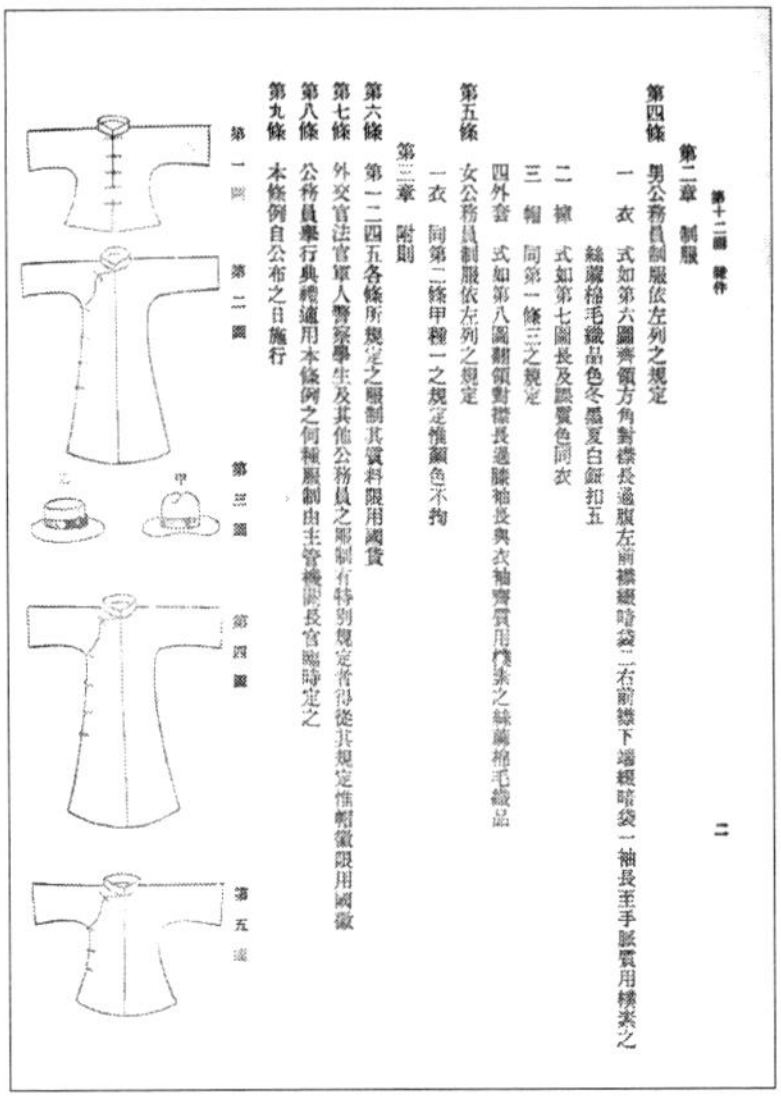
第十二類　雜件　二

第二章　制服

第四條　男公務員制服依左列之規定

一　衣　式如第六圖齊領方角對襟長過腹左前襟綴暗袋二右前襟下端綴暗袋一袖長至手脈質用棉紡之

絲麻棉毛織品色冬黑夏白鈕扣五

二　褲　式如第七圖長及踝質色同衣

三　帽　同第一條三之規定

四外套　式如第八圖翻領對襟長過膝袖長與衣袖齊質用棉紡之絲麻棉毛織品

第五條　女公務員制服依左列之規定

一衣　同第二條甲種一之規定惟顏色不拘

第三章　附則

第六條　第一二四五各條所規定之服制其質料限用國貨

第七條　外交官法官軍人警察學生及其他公務員之服制有特別規定者得從其規定惟帽徽限用國徽

第八條　公務員舉行典禮適用本條例之何種服制由主管機關長官臨時定之

第九條　本條例自公布之日施行

出典：立法院編譯處編『中華民国法規彙編』、中華書局、1934年、2頁。

資料 10　服制条例（1929 年）制服

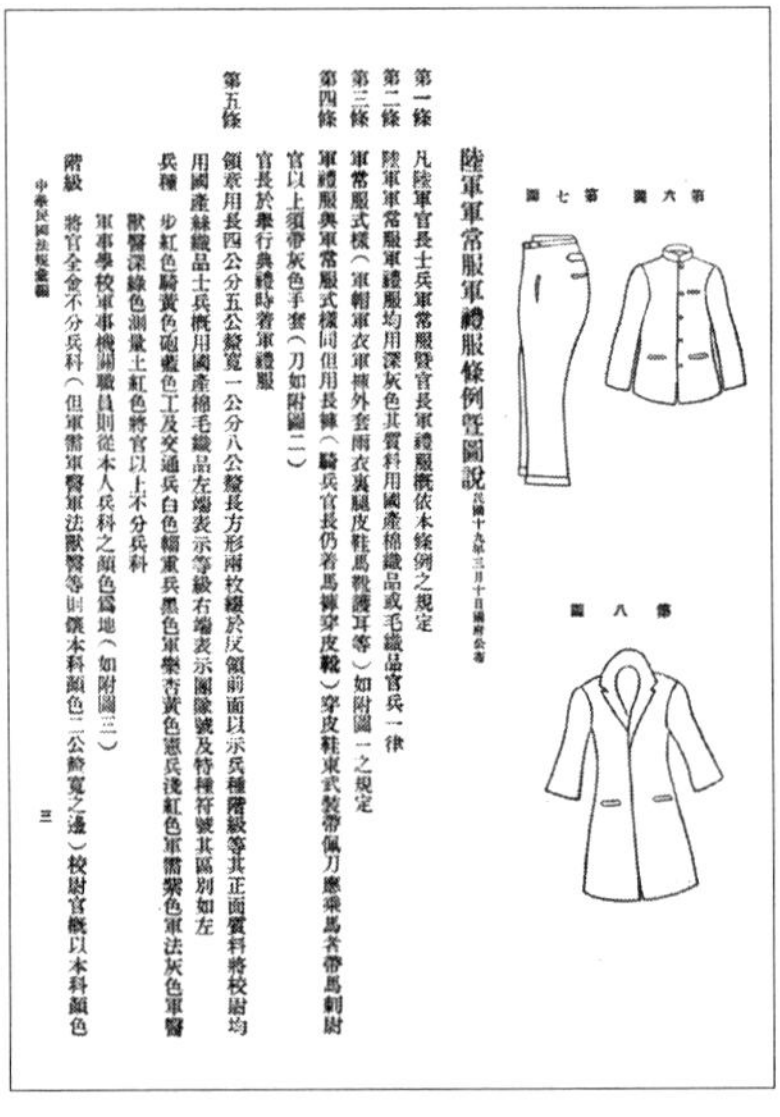
陸軍軍常服軍禮服條例暨圖說　民國十九年三月十日國府公布

第一條　凡陸軍官長士兵軍常服暨官長軍禮服概依本條例之規定

第二條　陸軍軍常服軍禮服均用深灰色其質料用國產棉織品或毛織品官兵一律

第三條　軍常服式樣（軍帽軍衣軍褲外套雨衣裹腿皮鞋馬靴護耳等）如附圖一之規定

第四條　軍禮服與軍常服式樣同但用長褲（騎兵官長仍着馬褲穿皮靴）穿皮鞋束武裝帶佩刀應乘馬者帶馬刺尉官以上須帶灰色手套（刀如附圖二）

官長於舉行典禮時着軍禮服

第五條　領章用長四公分五公釐寬一公分八公釐長方形兩枚綴於反領前面以示兵種階級等其正面質料將校尉均用國產絲織品士兵概用國產棉毛織品左端表示等級右端表示團隊號及特種符號其區別如左

兵種　步紅色騎黃色砲藍色工及交通兵白色輜重兵黑色軍樂杏黃色憲兵淺紅色軍需紫色軍法灰色軍醫獸醫深綠色測量土紅色將官以上不分兵科

軍事學校軍事機關職員則從本人兵科之顏色為地（如附圖三）

階級　將官全金不分兵科（但軍需軍醫軍法獸醫等則儀本科顏色二公釐寬之邊）校尉官概以本科顏色

中華民國法規彙編　三

出典：立法院編譯處編『中華民国法規彙編』、中華書局、1934年、2頁。

人名索引

あ行
伊藤博文　27, 34
内田良平　12, 34
栄昌祥　34, 38, 39

か行
夏岐泓　12, 59
華梅　37, 72, 123, 165
黄興　12, 33
孔祥熙　106
高黎明　40, 144, 145, 146, 169, 184
胡波　61, 62, 73, 114, 184

さ行
蔡元培　117, 118
蔡氏　69
蔡雷發　67, 76
朱培徳　109, 110
章益　35
蒋介石　31, 36, 37, 40, 96, 104, 106, 107, 112, 113, 114, 115, 122, 123
ジョージ・バーナード・ショー　117, 118
徐暁紅　49, 75
宋慶齢　101, 102, 103, 106, 113, 183
孫葳　109, 111
孫文　12, 32, 33, 34, 35, 36, 37, 38, 39, 40, 43, 51, 53, 60, 61, 62, 66, 70, 71, 72, 73, 75, 77, 78, 87, 96, 99, 101, 102, 103, 106, 112, 113, 114, 115, 116, 120, 124, 125, 126, 131, 179, 182, 183, 184, 185, 187
孫明峰　13, 23, 24, 25

た行
張肇楊　13
張方誠　12, 33, 34, 43, 66
張有福　25, 31
陳蘊茜　77, 78
陳副総理兼外相　177
陳万豊氏　13, 35, 72
田阿桐　145
塗潤華　49, 75

な行
中山千代　23, 26, 29, 41

は行
梅一族　109, 110
方舟　35

ま行
馬君武　115, 116

や行
山内智恵美　72, 146

ら行
李学源　72
李漢斌　69, 70, 71, 76
李順昌（服飾店）　69
魯迅　117, 118

事項索引

あ

安政五ヵ国条約　19

う

瓜皮帽　80, 81, 118, 146

雲記　24, 28, 29

か

改革開放政策　178

海派文化　13

解放　127, 134, 178, 185

解放軍服　76, 125, 136, 166, 167, 170, 171, 186

『解放日報』　126, 143, 148, 149, 150, 156, 160, 179, 181

学生服　33, 34, 39, 43, 44, 61, 62, 63, 64, 65, 66, 72, 73, 74, 76, 90, 94, 96, 97, 101, 102, 103, 118, 169, 184

『悲しい家族の物語』　109, 111

幹部服　125, 126, 131, 134, 136, 139, 140, 141, 142, 166, 167, 168, 178, 179, 185, 186

漢民族の婚礼様式　103, 105

き

奇装異服　126, 143, 148, 149, 150, 151, 152, 153, 154, 155, 156, 157, 158, 159, 160, 179, 180, 187

企領文装　35, 43, 44, 65, 66, 72, 74, 101, 102, 115, 183

く

軍人用のコート　177

軍便服　125, 134, 144, 145, 162, 164, 165, 166, 168, 169, 170, 171, 172, 173, 174, 175, 178, 181, 186

こ

紅衛服　125, 136, 142, 163, 166, 170, 171, 172, 173, 174, 186

紅都服装店　40, 67, 68, 71, 76, 144, 184

紅毛　11, 15, 18

紅毛服　18

黄隆生　34, 35

国服　19, 33, 37, 40, 45, 52, 63, 65, 75, 80, 83, 85, 87, 89, 90, 96, 98, 102, 104, 105, 110, 116, 117, 120, 123, 124, 131, 132, 137, 169, 176, 177, 178, 179, 185

国民皆兵　163, 171

五権憲法　34

五権分立　32, 40

Cock Eye　25

さ

３把刀　29

三民主義　32, 34, 40, 96

し

資産階級　133, 149, 153, 156, 157, 158, 159, 166, 178, 187

資本主義　131, 146, 152, 154, 156, 160, 162, 181

社会主義建設　157

ジャパン・ヘラルド　25

集団結婚式　105, 107, 108

清朝　13, 32, 34, 36, 43, 60, 79, 80, 83, 84, 87, 105, 108, 179

深衣制　146

辛亥革命　34, 36, 71, 84, 115, 116, 120, 181

新服制条例　82, 84, 90, 92, 96, 98, 99, 109, 119, 121, 124, 185

『人民日報』　125, 126, 127, 128, 129, 130, 139, 143, 144, 148, 168, 185

人民服　125, 127, 133, 136, 139, 144, 145, 158, 159, 162, 163, 164, 166, 167, 168, 169, 175, 178, 186

せ
西服　11, 15, 18, 31, 33, 38, 69, 87, 146, 147, 176
『浙江省鄞県通志』　16
『浙江省奉化県志』　16
背広　13, 14, 15, 17, 23, 31, 33, 35, 43, 44, 46, 47, 52, 53, 55, 56, 57, 58, 59, 60, 64, 65, 68, 69, 71, 72, 73, 74, 75, 84, 87, 94, 96, 97, 98, 99, 101, 102, 105, 106, 107, 108, 111, 112, 113, 114, 115, 116, 117, 118, 120, 121, 122, 127, 131, 132, 133, 136, 137, 146, 147, 176, 177, 182, 183, 184, 185
剪辮易服　83

そ
『創業者の足跡』　16
宋美齢　104, 106, 107
孫通江　17, 19, 24

た
「大躍進」　128, 147, 186
男子服基本製図　44, 54, 55, 66, 73
断髪易服　80, 83

ち
旗袍　15, 65, 107, 109, 110, 146
中華人民共和国　11, 39, 43, 68, 69, 70, 71, 74, 84, 85, 117, 124, 125, 126, 127, 128, 131, 134, 135, 139, 141, 143, 144, 146, 159, 164, 165, 168, 177, 178, 182, 185, 186, 187, 188
中華民国政府主席　37
中国革命の父　36
中国伝統衣裳　11, 53, 71, 84, 85, 87, 103, 106, 108, 115, 118, 121, 124, 126, 127, 128, 129, 137, 138, 148, 159, 177, 178, 182, 185, 187
中国同盟会　12, 32, 33, 84, 102
中山服の素材と色　135
中山服のポケット製図　45
中山服様式　37, 85, 90, 94, 96, 98, 99, 100, 109, 119, 121, 125, 126, 142, 143, 145, 148, 164, 165, 168, 169, 174, 175, 176, 178, 179, 185, 186, 187
中洋混合　74, 95, 118, 122, 185
中洋式衣服　103
長衫　53, 77, 78, 82, 83, 97, 100, 103, 108, 109, 111, 114, 117, 118, 119, 120, 122, 127, 128, 131, 137, 146, 176, 185, 186
長袍　53, 77, 78, 79, 80, 81, 82, 84, 85, 86, 87, 89, 90, 92, 94, 95, 96, 97, 98, 99, 100, 101, 103, 104, 106, 107, 108, 109, 110, 111, 112, 114, 115, 116, 117, 118, 119, 120, 121, 122, 124, 125, 126, 127, 128, 129, 133, 137, 138, 146, 158, 159, 177, 178, 180, 182, 183, 185, 186

つ
詰襟　40, 61, 63, 64, 65, 66

て
帝国主義　41, 84, 157, 162

と
東京帝国大学の学生服　61, 62, 63, 65, 66
トムソン商会　13

な
南蛮服　18

に
日米修好通商条約　20
日米和親条約　20
日清戦争　22, 28, 32

ね
寧波服装博物館　31, 37, 39, 41, 75, 148, 163

は
白幇　15

ふ
服飾制度　36, 37, 79, 80, 83, 84, 85, 87,

88, 90, 96, 100, 185
文化大革命　85, 124, 125, 126, 127, 129, 135, 138, 142, 143, 148, 160, 162, 163, 164, 165, 166, 168, 169, 171, 172, 174, 175, 176, 178, 179, 180, 182, 186, 187, 188

へ

本幇　15
便服　88, 125, 134, 136, 144, 145, 162, 164, 165, 166, 167, 168, 169, 170, 171, 172, 173, 174, 175, 178, 181, 186

ほ

袍褂　80
袍　11, 15, 43, 53, 65, 77, 78, 79, 80, 81, 82, 84, 85, 86, 87, 89, 90, 92, 93, 94, 95, 96, 97, 98, 99, 100, 101, 103, 104, 106, 107, 108, 109, 110, 111, 112, 114, 115, 116, 117, 118, 119, 120, 121, 122, 124, 125, 126, 127, 128, 129, 133, 137, 138, 146, 158, 159, 177, 178, 180, 182, 183, 185, 186
戊戌奏稿　80
紅幇　11, 12, 13, 14, 15, 16, 17, 18, 19, 20, 23, 24, 30, 31, 33, 34, 37, 38, 39, 41, 43, 59, 66, 67, 69, 70, 72, 75, 182, 183, 184
（ホンバン）　11, 15
紅幇裁縫　11, 12, 13, 14, 15, 16, 17, 18, 19, 20, 23, 24, 30, 31, 33, 34, 37, 38, 39, 41, 43, 59, 66, 67, 69, 70, 72, 75, 182, 183

ま

馬褂　78, 80, 81, 82, 84, 86, 87, 90, 94, 95, 96, 97, 98, 99, 103, 104, 106, 107, 108, 109, 115, 116, 118, 120, 121, 124, 126, 127, 133, 146, 158, 159
馬甲 80, 81, 97

み

民国期　36, 37, 43, 60, 74, 77, 78, 79, 80, 81, 82, 85, 87, 97, 98, 99, 100, 101, 105, 106, 108, 109, 112, 115, 121, 122, 124, 125, 126, 128, 134, 138, 143, 146, 178, 180, 182, 185, 188
民国期の服制条例　98
民国服制条例　85, 87, 89, 90, 98, 104, 124, 185
『民報』　32

む

無産階級　156, 157, 158, 159, 161

も

毛沢東　39, 40, 69, 84, 114, 123, 125, 127, 128, 144, 145, 146, 147, 154, 157, 159, 160, 164, 168, 169, 170, 171, 172, 174, 181, 186, 187

よ

横浜の居留地　23
四人組　164, 175, 187

り

立体裁断　16, 38, 52, 60, 64, 65, 66, 68, 73, 75, 145, 146, 184
臨時大総統　12, 71, 120, 124, 182

れ

レーニン服　146, 147
レーニンスーツ　147

ろ

「労働人民」モデル　160

［著者略歴］
乗松佳代子（のりまつ・かよこ）
静岡県生まれ。
愛知県立大学大学院国際文化研究科博士課程満期退学。
同大学院客員共同研究員（4年間）。
服飾デザイナー兼パタンナー。毎日文化センター講師を2020年1月まで30年間勤務。
日進市国際交流協会会長を8年間歴任。現在、同協会名誉会長。

装幀◎澤口環

中山服の誕生　西洋・日本との関わりから見た中国服飾史

2021年11月11日　第1刷発行　（定価はカバーに表示してあります）

著　者　　乗松佳代子

発行者　　山口　章

発行所　名古屋市中区大須 1-16-29
振替 00880-5-5616 電話 052-218-7808
http://www.fubaisha.com/
風媒社

＊印刷・製本／モリモト印刷　　乱丁本・落丁本はお取り替えいたします。

ISBN978-4-8331-4154-3